江戸の暮らし図鑑

女性たちの日常

菊地ひと美

東京堂出版

はじめに

江戸時代の主婦たちの暮らしぶりというのは、永年不明でした。ところが近年、幕末に生きた祖母の追想とか、学者の方々の御研究により、江戸の婦人たちの日記を知ることができました。その生活は今日の私たちから見れば驚きの連続です。本書においてはその全体像を浮かび上がらせたいと思いました。

本書には次のような特色があります。一つは、武家・商家・江戸の庶民・農民などの〝身分別の暮らし〟であること。二つめは、その階層別の〝女房たち〟はどのように暮らしていたのかに、焦点を当てていることです。また彼女たちの夫（男たち）の職業案内もなされています。

三つめは、当時の〝日記〟を、各章に用いていることです（江戸市中の庶民の日記は残存していません）。その結果、今日まで不明であった食事は誰が作ったのか・洗濯の様子・裁縫と現代の料理の逆転の様子・ご飯とおかずの地位・そして奉公人との生活など、家事の内容がわかってきました。そして当時は一六歳頃に嫁ぐのが普通ですが、その早婚の背景にある大家族ゆえの〝二人姑《しゅうとめ》時代〟に嫁ぐ嫁の立場…などが見えてきました。日記によって、江戸と現代の習俗の違いなどが現われ、またその生活の実写はリアルで、人々が生きているようです。

四つめは、暮らしには各階層の〝住居〟も重要ですので、どのような屋敷や家に住み、その〝間取り〟はどうであったのかも取り上げていることです。

このようなことから、江戸時代の女房たちの暮らし方が浮かび上がってきました。全体を俯瞰して見ながら、日記により近寄って蟻《あり》の目で見ることができます。

今までわからなかった江戸時代の主婦たちの奮戦ぶりを、ぜひ見て頂きたいと思います。

菊地ひと美

平成27年1月

目次

［凡 例］

1 江戸時代に地方の藩では上士、中士、下士という名称を用いていたため、本書では随時使用。

〈本書における武家階層と禄高〉

（将軍家の幕臣）

・将軍へお目見え以上…約二百石以上、一万石未満
・将軍へお目見え未満…約二〇〇石未満

（本書では）	（参考・水戸藩では）
・上士を年収一〇〇〇石位	・上士…五〇〇石以上
・中士は一〇〇石以上	・中士…一〇〇石以上 五〇〇石未満
・下士は一〇〇石未満	・下士（平士）…一〇〇石未満

2 巻末資料②（二四九頁）により、知行取り一〇〇石と蔵米取り一〇〇俵の収入は同じのため、石か俵の明記とする。

3 「※（菊）」の箇所は、菊地の考え。

4 江戸時代後期の一両の、現在での価値は、巻末資料①「一目でわかる江戸時代」によれば、

⑴ 職人の賃金を基準にすると一両は30万円になり

⑵ 米の値段を基準にすると一両は5万5500円と大差があるため、その中間の一両十数万円が適当と明記。本書においては高額である店賃においては一両30万円、他は10万円で換算。

5 巻末資料①②③は参考文献に掲載。

6 掲載図版は絵画資料や版本から収録。原則として原典通りに著者が模写・彩色した。一部、図がないものは著者が描き起こしたものもある。また原典が白黒のものは彩色を施したものもある。各原典名は表記した。

江戸の暮らし図鑑

序章

◆三つの背景　身分・家父長制・儒教

江戸時代というと、大都市であり支配体制もきっちりと固められ、町家も整備されている江戸の街を想像してしまいます。中期から後期の江戸はあまり人口が増えなかった中で、巻末資料①（二四九頁参照）によれば総人口の80％前後が農民などの百姓であり、武士は10％未満。三都である江戸、大坂、京都や地方の城下町に住む〝町人など〟は10％にすぎませんでした。大半が年貢を負担する百姓であり、城下町に住む武家や町人（商・職人）は大変に少ないということを頭に入れながら、進めたいと思います。

江戸の家族といった場合、当時の社会背景としては、次の三つの項目が常に存在したことに注目したいと思います。一つめは士農工商の〝身分制社会〟だったこと。これはさらに武家や商家、農家においても上中下層に分かれています。その暮らしぶりには格差があり、それが特に現われるのは住居の規模や抱える奉公人の数です。

〈妻の呼び名〉

この身分があるゆえに人妻の呼び名も様々に違っていました。三田村鳶魚《えんぎょ》によれば、将軍家は御台所《みだいどころ》。御三《ごさん》家《け》・御三卿は御簾中《ごれんじゅう》（将軍の娘や養女で諸大名へ嫁に行った方）。大名家は御前《ごぜん》様・御内室《ごないしつ》・奥方《おくがた》。位が下がって幕臣の旗本になると奥様、さらに下がり御家人《ごけにん》の妻は御《ご》新造《しんぞう》様。また上層の町人ではお家《いえ》様、御新造、お内儀《ないぎ》。町方では女房。庶民の妻はおかみさんが一般的でした。

呼び名だけでもユニークで、どんな女性かと思わせます。武家婦人の日常など閉ざされていて想像もできませんでしたが、身を律する生活の様子のほか、料理や洗濯などの家事は誰がしていたのか、興味がつきません。また中・下級武士の婦人たちは皆機織りをしており、いわば共働きの在宅勤務です。

そして地域によっては出産や冠婚、法事の際の近所の主婦たちの助力が強く、難産の母が横たわる中、乳飲み子の世話や、夫などの食事、家事などすべてを支えてくれる〝地域力〟が優れている所もありました。

また商家では店の客たちへの食事、宿泊を含む自宅での接待、社交生活が展開され、まるで旅館か料理屋の女将を思わせる主婦の奮闘ぶりは見事です。

　農家で特色があるのは、娘が奉公人として、出る側の立場であることです。村から近村や城下町へ出て戻ってくるという動線にも注目です。機織りが高収入であることや、結婚年齢との関係も見ていきたいと思います。

　江戸の家族についての二つめは〝家父長制〟のもとで暮らしていたことです。徳川幕府は江戸初期後半に「宗門人別改帳」の改編を行い、土地の所有や「家」の代表権を男の当主だけに確定しました。このため武家、町人を問わず、「家」の継承や財産相続などにおいて、男性優位が決定的となったのです。また書類における身分の表示（町人・百姓など）は家の代表者である男のみに与えられました。

　この家督相続というのは、たとえば五万五千石の大名家の場合、この身分、地域の所領、そこから取れる年貢、家臣団などを、そっくりそのまま家督の相続人である嫡《ちゃく》子《し》（多くは長男）が受け継ぐということです。

　これが商家であれば、代替わりの時には土地、家屋敷、奉公人をそのまま受け継いで、新当主としてやっていきます。後日、その家督を継ぐ跡継ぎの男子の表明が、親類縁者へのお披露目の儀式である〝祝言〟です。今日とは異なり、家父長制においては〝結婚〟の意味合いが大変重いといえます。

　三つめは〝儒教〟の教えが身に付いていたことが挙げられます。中国の孔子が広めた政治や道徳の教えが、なぜ庶民に浸透したかについては、宝永七年（一七一〇）貝原益軒《かいばらえきけん》著『教女子法』（女子を教ゆる法）や『女大学』が、寺子屋の教科書として使われた点にあると思います。そこでは「三従七去《さんじゅうしちきょ》」が教えられました。三従とは「成人するまでは子に従い、結婚してからは夫に従い、老いては子に従う」というものです。七去とは「婦人に七去とて悪しき事七つあり」として一つでもあれば妻を離婚できるとしています。内容は舅姑に従わない、子がないなどの七つです。また子は親や目上の者、老人を敬うことも入っています。これらは現代の女性から見ると、違和感はありますが、江戸時代の女性たちは武家から庶民まで、皆この道徳観のもとで暮らしていました。

　これら三つのポイントである、身分・家父長制・儒教のもとで生きる女たちの暮らしとはどのようなものだったのでしょう。

　江戸時代の〝暮らし〟とは、職業・家族・結婚・子の成長・若夫婦との同居・隠居・奉公人たちとの生活・住居との関係など多様な面を持っています。まさにその人の〝誕生と生き方〟なのです。

絵　菊地ひと美

一　武家の婦人

一　武家社会の階層

◆武家には上・中・下士の階層

江戸時代の武士は幕府直属の家臣（直参《じきさん》）と、大名家である藩の家臣（陪臣《ばいしん》といい家来の家来）とに分かれており、厳しい格式と役職とで組織されていました。幕府の家臣は将軍にお目見《めみ》えできる〝旗本《はたもと》〟と、お目見えできない〝御家人〟に分けられます。旗本の禄高は約二〇〇石《こく》（俵）以上から一万石未満まで。一方、その下位に当たる御家人の禄高は、約二〇〇石（俵）未満です。

将軍家の幕臣という上位にある立場と、藩の家臣という立場では、特に現われるのは上、中、下士の年収の線引きです。幕臣と水戸藩の例を参考として凡例（六頁）に示しています。格差がありますが、本書においては暮らしが焦点のため、実際に沿った基準を設けています。

〈本書における　武士の格の基準〉
上士は禄高一〇〇〇石クラス
中士は禄高一〇〇石以上
下士は禄高一〇〇石未満
下士は五〇俵や三〇俵というのが圧倒的に多く、この下士の層で約70％程なので、この層が大半を占める一般の武士です。

◆禄高により規定の奉公人の数

中期以降の武士は困窮しているというのに、なぜ奉公人を数名も雇って人件費を出さなくてはならないか、という疑問が生じると思います。これは幕府が元々戦闘組織であるという成り立ちから来ています。軍隊の組織が国を治めるために政治も行っている状態です。それゆえ軍役の規定があり、身分により登城や外出の際には伴揃えの人数が決められていました。

この伴揃えの者たちは、中間《ちゅうげん》や小者《こもの》と呼ばれる武家奉公人です。彼らは武士ではなく、屋敷の雑用もこなす下働きの者でした。ですから後述する武家の日記類には必ず奉公人との暮らしが、記述されています。

◆結婚と相続

家父長制と家督の相続が背景としてある中で、これら二つと武家の結婚とは密接に結びついていました。武家の女にとって他家に嫁ぐとはどういう意味なのでしょう。それは第一に家を継ぐ跡継ぎの男子を産まなければなりませんでした。女児ではだめなのです。

当時における武家の「家」の継続は、今から考える以上に厳しいものでした。たとえば藩の上級武士の例を見ると、実子がなく養子の継承が続いただけで代替わりごとに大幅に禄を減らされます。より狭い土地や家の転地、家来の縮小が相次ぎ、元々は広大な敷地と多くの家来を持つ身分から、三代目頃には武家の長屋暮らしにまで身上を落とされた例が数多くあります。武家にとって子がないことは、上層から下層へ落ちることを意味しました。

それゆえに武家の場合、「子無きは去れ」という重い言葉が生きていました。また嫁にとっては、実家から拵《こしら》えてもらった女一生の財産である花嫁道具を持って輿入《こしい》れしても、子がないために数年で離縁されることも現実として多かったのです。さらにそれは側室や妾を置くという問題にもなっていました。

それから家督・嫡子の問題は兄弟へも及びます。長男で家督を継げる者は良いけれども、次、三男坊はどうするのでしょう。彼らは部屋住《へやず》み・厄介《やっかい》などと呼ばれていました。兄弟たちは武家に限らず農家の庄屋に至るまで、富裕層では養子の口を探します。大名の場合、数百両から数千両の高額な持参金を付けて、養子先へ出しました。額は家格により異なりますが、養子は先方の家督を譲り受ける、つまり一生涯の収入と身分を保証されることになるので、そういう措置がとられたのでしょう。ですから富裕でないと養子には出せず、また同家でも養子に出せるのは三男坊ぐらいまでで、その他の子は、下級武士になるか、禄がないまま長男の屋敷などに同居、居候をきめるしかありませんでした。

ですから暮らしという点から見れば、武家の妻は、第一に男の子を産まなければならないのが使命です。そして側室や当主の両親や兄弟たち、あるいは異母兄弟たちと同居します。

武家屋敷は政治向きの男の仕事場である〝表〟と、私空間である〝奥〟に分かれていますが、複雑な武家の家族の人々は、母屋《おもや》とは限らない敷地内の足軽長屋や各部屋に、各々に住んでいました。

霞ヶ関全図

武都である江戸の街。左は福岡藩黒田家上屋敷、右は広島藩浅野家上屋敷。各屋敷の外周の石垣の上には、塀も兼ねる武家長屋が建っている。（歌川国芳「東都名所」より）

二　武家の住居

◆武家の住居

幕臣や藩の武士の居住地は、城郭の一番近い所には重臣などの上級武士が、その外側には中級武士が住み、さらに外側の城下町周辺には下級武士たちが住んでいました。江戸では多少複雑で、混在も見られます。

そして武士の身分や禄高は固定的なものと考えられがちですが、実はそうではありません。出仕したての青年の頃には総じて禄は低いものです。一家にとって、あるいは一人の武士においても、その一生の中では昇進や降格などが起こります。すると、そのつどではなくとも、何段か上昇したらそれに見合う広い屋敷を、また下降をしたら格下の屋敷に引っ越さなければなりませんでした。

◆武家は藩から借用の家

参勤交代で江戸に常駐する江戸藩邸において、〝大藩の大名〟の場合には、幕府から一か所だけでなく、上屋敷、中屋敷、下屋敷などの複数の土地を下賜《かし》されました。屋敷の方は大名家で建てます。

しかし〝一般の武士の家〟は、幕府や藩からの〝拝領屋敷〟であり、旗本などが幕府から一時的に借り受けた土地と屋敷です。自分のものではなく、家賃は必要のない借家でした。

藩の方では作事方《さくじかた》とお抱えの大工が、家の間取り（指図）を作ります。事前に身分や禄高ごとに家の規模や部屋数、座敷、玄関や門の大きさなどが決められて、それに沿って間取りが決められました。

◆武士の家の特徴

武士の家には室町時代に禅宗寺院の僧侶のあいだで成立した〝書院造り〟が導入されている点が、大きな特色といえます。〝書院〟というのは、床の間の側面などに障子窓付きの張り出し部分（付け書院）を設けたもので、近世の武家住宅では当主の居間兼書斎として広く用いられました。

この床の間のある座敷は主人の日常の居場所でもあり、また友人たちとの酒宴の場でもあるため、接客空間でもありました。いわば公的な社会生活を主とする男の

〝表〟の空間です。

これに対して〝茶の間〟があります。家族の集まる部屋であり、食事をとるほか親しい友人たちも集まる、私生活のための〝奥〟の空間です。

この他に〝居間・納戸・物置・仏間〟などの部屋がありました。

居間…婦人たちが普段すごす場所であり、婦人の居場所でした。

納戸《なんど》と物置…箪笥《たんす》や長持《ながもち》（収納家具）などを入れておき、寝室としても使いました。

仏間…仏壇を置いた部屋であり、老人の部屋などにもなっています。
※他に下男・下女の小部屋があります。
これらの他に、家は次のようなもので構成されていました。

台所…板間と土間の一つか二つ。

便所…中級以上の家では客用と家族用の二つ、あるいは他に下男、下女用のを設けて三つの便所の家もあります。

桶風呂の湯殿…桶風呂というのは、江戸から昭和四〇年代頃にあった丸い桶型の形状で、上から入り側面の下で薪《たきぎ》などを燃やすタイプです。湯殿は中下級武士ともに備えていたようですが、三〇石以下などの下士になるとないようです。

門・式台・玄関…使者が旗本屋敷を訪れる際には、門は通常閉まっているため、武家長屋（外観からは塀とも見える）の門脇に住む門番小屋の者に開けてもらいます。式台とは玄関正面に張り出した入口部分のことで、その奥に玄関が対となって付いています。ここで取次の家臣との応接がありました。この式台や玄関は特別な日しか使わず、入口は客用、家族用と両方あります。

上級武士の家はさらに部屋数が増え、敷地内には家来の長屋も数棟あります。逆に下級武士の家はこれらの共用が多いので、部屋数はずっと減ります。

さて、一戸建ての中下級武士の住居には、建てるときに共通の考え方があるようです。大岡敏昭著『幕末下級武士の絵日記』によれば、住宅の正面を道側に向けて、道に沿って〝表庭〟が設けられていました。書斎でもあり接客空間でもある座敷の前には庭があるという設定になっています。また女性たちがいる茶の間の前にも裏庭が設けられ、他に自給用の菜園や畑もありました。

この道側に広く開かれた住まいは、外からやって来る人たちを大切にする考え方で作られており、友人たちは入口ではなく縁側などから気軽に入ってきたようです。

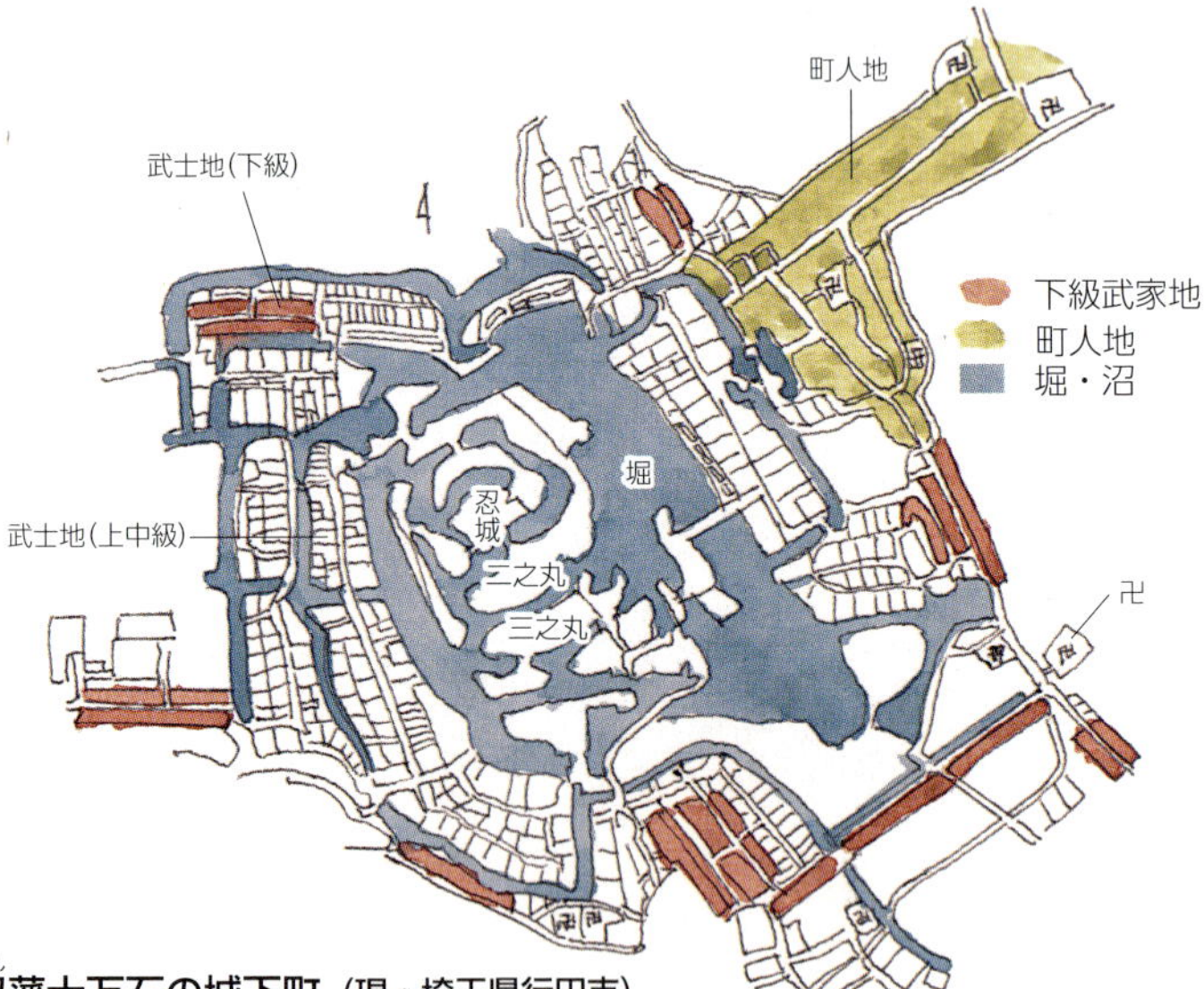

幕末の忍《おし》藩十万石の城下町（現・埼玉県行田市）
絵日記「石城日記」（全七冊）の著者、下級武士尾崎隼之助
（通称・石城）の暮らす町（行田市博物館所蔵絵図より）

鎌倉時代の付書院（「法然上人絵伝」より）

中央は円城寺光浄院客殿の上座の間

武士の玄関（『復元　江戸生活図鑑』参考）

武士の外出（『復元　江戸生活図鑑』参考）

三　上級武士

◆上士の男（夫）たちの職種

本書においては上級武士を一〇〇〇石前後として話を進めたいと思います（凡例参照）。一〇〇〇石とはどのような格であり、また職種があるのかを、幕府の職制表で見てみます。最高職の幕閣では老中で三〜一二万石、側用人で一万石以上。次のクラスでは町奉行や勘定奉行が三〇〇〇石、京都町奉行一五〇〇石などです。その次のクラスでは一五〇〇石以上の者もいるものの、小姓組頭一〇〇〇石、小納戸五〇〇石で、五〇〇石から一〇〇〇石までの者が半分以上となっており、〇〇頭《かしら》と付く上級武士とみて差し支えないと思います。

また地方の藩においては財政事情がそれぞれに異なるため、上士といっても秋田藩山奉行は五〇〇石、庄内藩家老は一〇〇〇石と差異が見られます。

◆上級旗本──『井関隆子日記』より

深沢秋男著『旗本婦人が見た江戸のたそがれ』における『井関隆子日記』から、上級旗本婦人の暮らしぶりの一端を見ていきたいと思います。

井関隆子は天明五年（一七八五）江戸の四谷表大番町で誕生（現・新宿区大京町）。父は大番組（江戸城などの警護）の役職で、禄高は四〇〇石、六六〇坪の屋敷を拝領していました。最初の結婚は二十歳の頃でしたが、間もなく離婚をし、隆子が三〇歳の時に西の丸納戸組頭（将軍の手許の金銀や衣服、調度などを管理する職の責任者）である井関親興《ちかおき》（四十九歳）の後妻として井関家へ嫁ぎました。夫は一三年後ぐらいに亡くなり、子はありません。

しかし先妻の息子である現当主の親経《ちかつね》が、最初は十二代将軍家慶の小納戸《こなんど》（約三〇〇俵）を初めとして、出世を重ねていきます。次に西の丸小納戸。天保十二年（一八四一）からは広敷用人《ひろしきようにん》となり、一一代将軍家斉《いえなり》の正妻、広大院《こうだいいん》の係りになります。

井関家は元々の家禄である持高《もちだか》二五〇俵に、さらに新当主、親経の広敷用人の足高《あしだか》（役職手当て）七〇〇俵が加算されて九五〇俵に。そして孫の親賢《ちかかた》は日記の当時三十二歳くらいで、三〇〇俵です。ですから一家の収入が親子二代で約一三〇〇石、現代に換算すると約一億三〇〇〇万円くらいのようです（一石は一〇万円の換算）。

元の題名は『日記』ですが現在では『井関隆子日記』と呼ばれ、これは隆子が五六歳から六〇歳までの五年間の日記です。ですから主婦権はとうに新当主の妻に譲り、その意味では日常の家事に関しては出てきません。

しかし隠居である隆子は、広い邸内の離れの隠居所に鹿屋園《かやぞの》と名付けて住む悠々自適の身です。前庭の薄《すすき》や四季折々の草花を愛でながら、本を読み、歌を詠み、ものを書きつつ日々を送っています。息子や孫とは血のつながりはないものの、家族の皆から尊敬され慕われて、共に月見などで盃を傾けたり、将軍や町の様子を息子たちから聞いたり、打ち解けた日常が綴られています。

息子は将軍と御台所の係りであり、行事ごとの下賜品は特筆すべきものがあります。天保の改革期頃なので政治を含む出来事や、行事他様々な見聞、思い出など、好奇心が強く教養が高く、自然を愛する方のようです。

◆井関家の屋敷と一家の構成

亡くなった夫の禄高は二五〇俵で、屋敷は三五〇坪の敷地でした。家よりは庭を広くとったとのことですが、武家の家は総じて庭は広いのです。晩年も住んでいるその屋敷は江戸の九段坂上の角（現在の、広い靖国通りに面した九段下の交差点の角で、お城の直下）にあり、代々将軍のお世話をするお納戸衆という役職にあっては、いつでも間近の清水門を通って城内へ行けるという近さにあります。出世をした親経は馬に乗り、五人ほどの家来を従えて登城するような身分と思われます。

［井関家一家の構成］

家族…息子夫婦（2人）と孫一家（3人）と
　隠居の隆子（計6人）

家来…5人前後

奉公人…十数人　　［総数・25人ほど］

※年収から家来たちの給料を支出していた

○御広敷用人

この役職である息子からは頻繁に将軍家や大奥の様子が話されますので、この役職について説明します。広敷は江戸城の政治を執り行う表と、将軍が私生活を送る大奥とをつなぐ部署で、そのどちらとも連絡をとり、事務処理などを行う役職です。表と大奥のどちらからも情報が入りやすく、また将軍や御台所、大奥の方々からは夥《おびただ》しい拝領物があり、将軍家からの下され物が多いことで知られています。親経は天保から嘉永までの一四年間にわたり、この大奥事務官の長の要職にありました。

〔井関家の構成〕

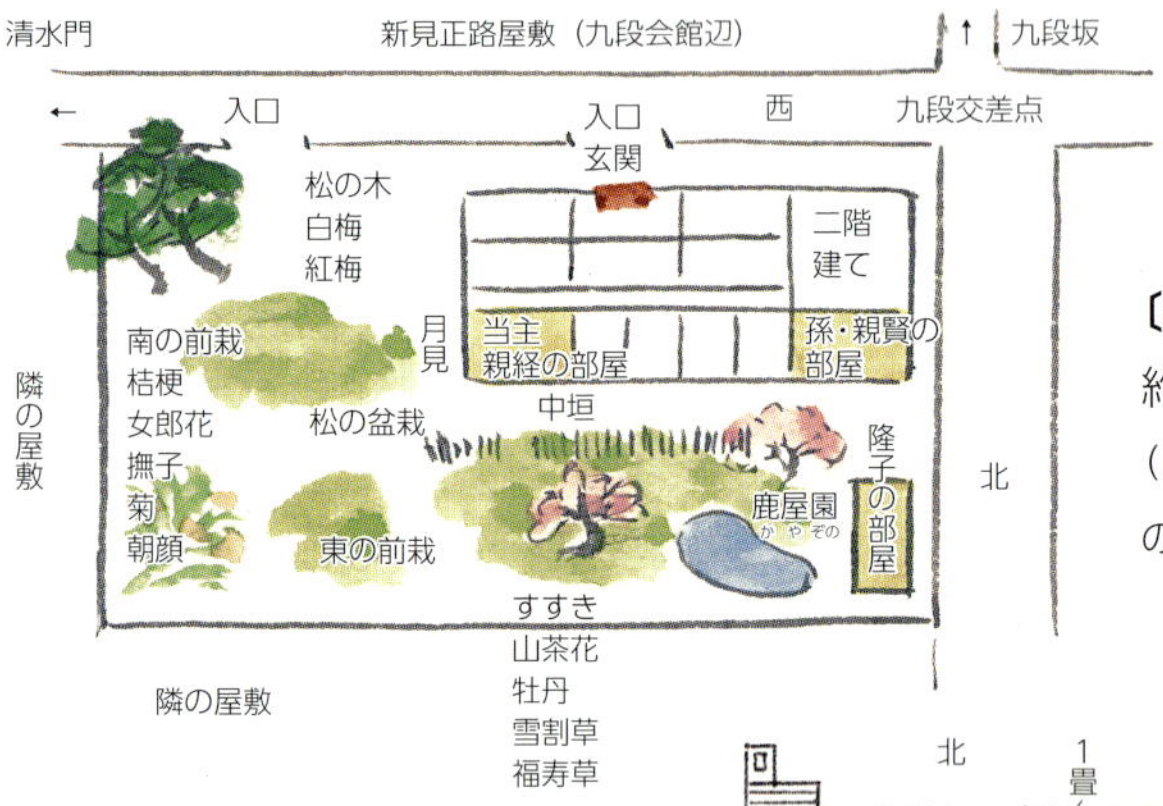

〔井関家の屋敷〕
約 350 坪
（『旗本夫人が見た江戸のたそがれ』の想像図より）

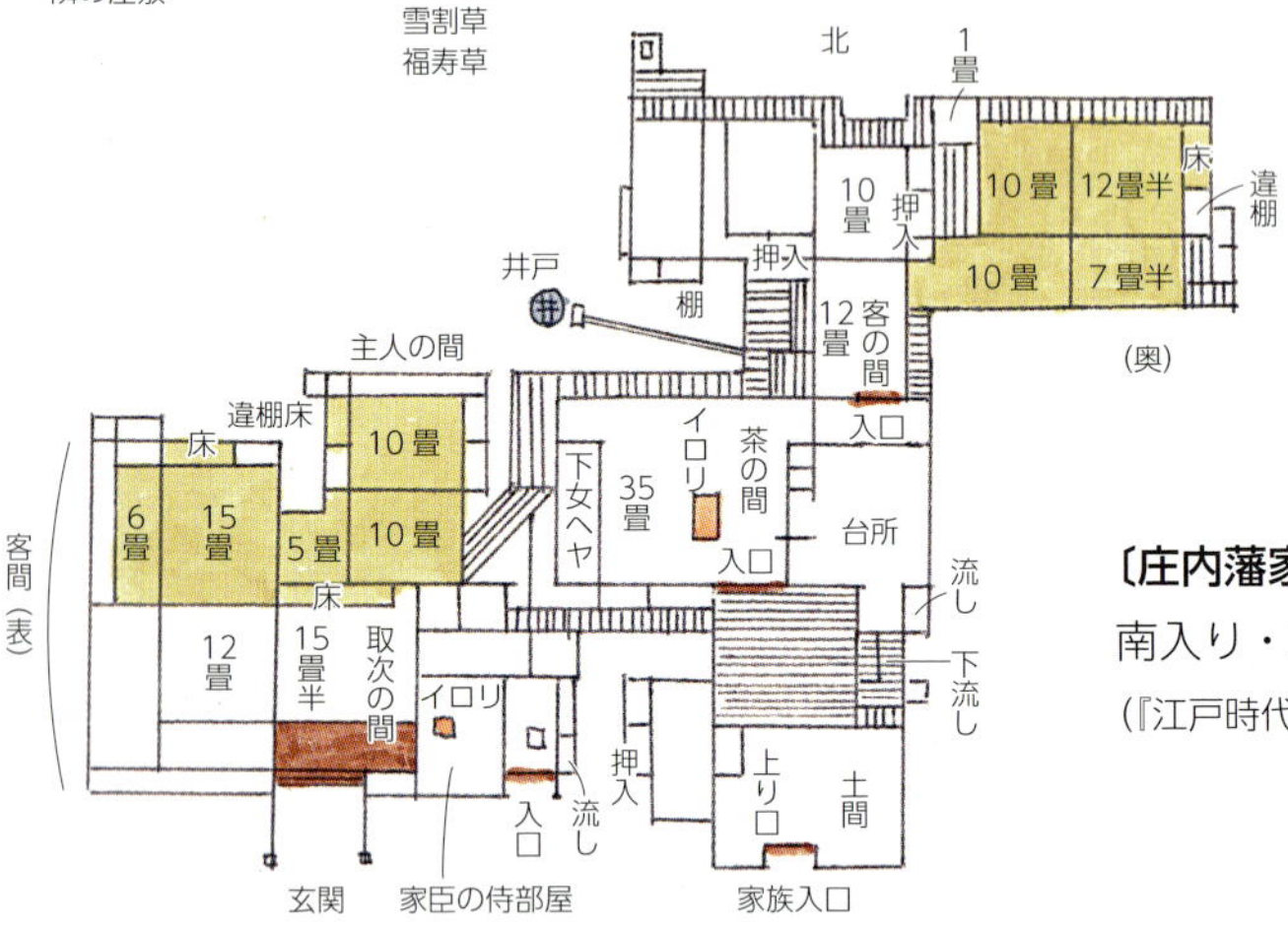

〔庄内藩家老の家　千石〕
南入り・205.4 坪
（『江戸時代日本の家』より）

（野口小蘋画「煎茶《せんちゃ》を嗜む女流文人」より）

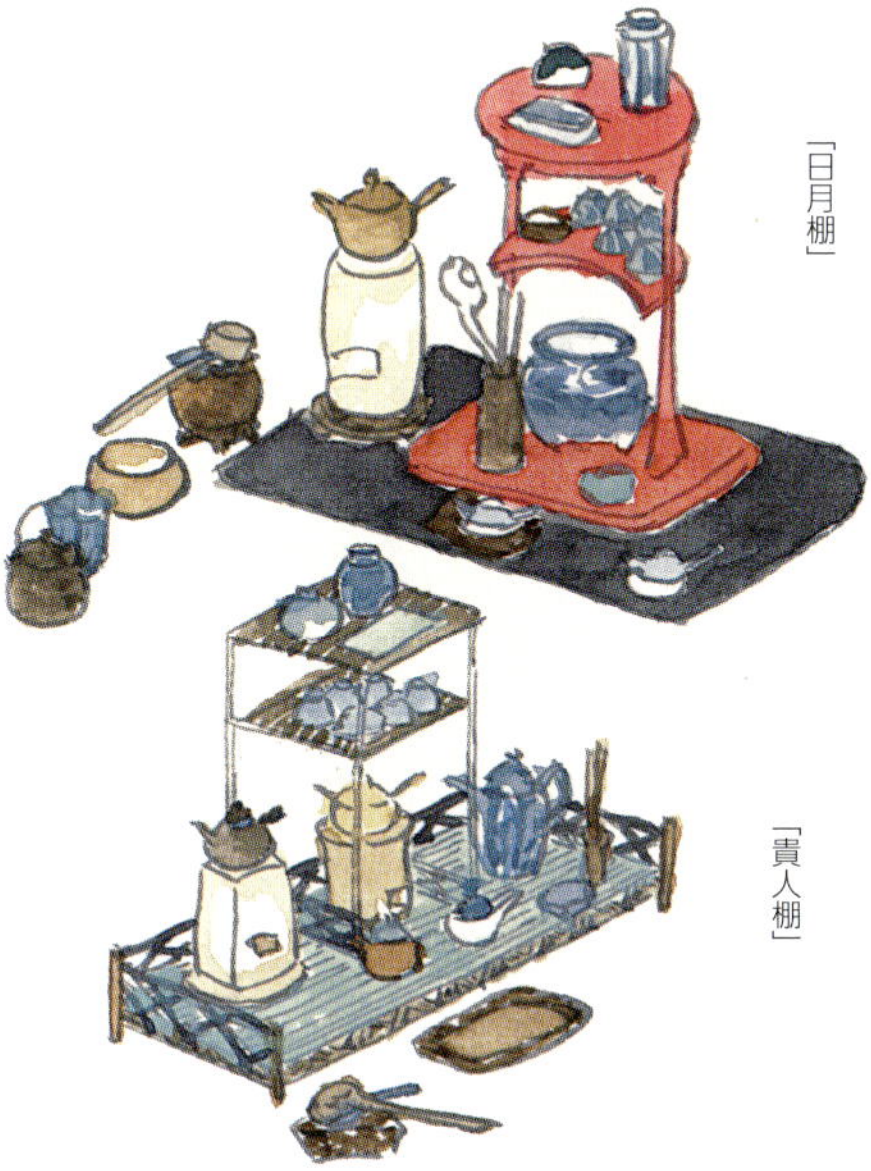

隆子の日記　天保 11 年（1840） 9月３日の絵より。
当時流行していた煎茶の道具棚のうち、「日月棚」「貴人棚」と称されたものを描いている。

四　将軍家からの賜り物

◆上様からの拝領物

　将軍や御正室の側近くに勤めるという役職であるため、上様や御台様からの拝領物が豪華極まりなく、最上層から家臣への下賜品の品々はどのようなものなのかを、見ていきたいと思います。

〈正月の様子〉

　天保十一年（一八四〇）の元旦のことです。元旦は武家にとって一年の行事の内でも最も重要といってよく、六つ半の午前七時から御三卿、御三家をはじめとして、譜代大名、縁故のある外様大名、お目見え以上の旗本などが〝総登城〟して身分、格式の高い順に、賀儀を述べます。そして元旦には武士は個々の身分により儀式用の盛装をしてのぞみました。

　さて当時二の丸留守居の親経と、家慶小納戸の孫、親賢の拝謁はかなり後になります。親賢は昨年春にお目見えとなり、その時に賜った衣装を着て登城しました。毎年元旦には将軍から個々に時服を頂戴するのが恒例になっていました。時服というのは将軍から下賜されたその時候にふさわしい衣服のことです。この儀式が終わると子も孫も上司などの所へ新年の挨拶まわりに追われて、井関家全員が集まって新年の挨拶をしたのは、正月三日になりました。

○翌十二年（一八四一）も同様ですが、拝領物として息子は例年通り御衣を賜り、孫は紫檀の文机に硯箱を賜りました。黄金の置口に梅の咲き乱れる蒔絵で装飾された見事な物のようです。

○十三年（一八四二）は例年通り、息子は将軍家へ御太刀を献上し、将軍からは綾織《あやお》りの衣装（綾に織りだした絹の衣装）を賜りました。二日は家斉の正室である広大院の掃初《はきぞ》め（屋内の掃除始めの日で、留守居の指揮のもとに行われた）であり、担当の広敷用人として参上し、夕方に帰宅して、その際にも様々な賜り物がありました。

○家斉の末子である泰姫からは銀三枚と、きれいな箱の中には白羽二重《はぶたえ》（なめらかで艶のある絹織物）や袋物などが添えてありました。

また掃初めのお祝いとして、沢山の魚や果物を頂き、孫の親賢は、御火鉢と白縮緬（絹の反物）に、女手で作った美しい品々を賜りました。

〈月見の様子〉

井関家は四季折々の花を眺めたり、あるいは月を愛でながらよく酒盛りをしていますが、その時の酒の肴は、親賢の報告するその日その日の城内での出来事であったようです。以下同書から月見の様子です。

○天保十一年八月十三日、この日は朝のうちは曇っていましたが次第に晴れて、月の光は華やかでした。ほどなく隆子の住まいにも光が差し込み、老い人の彼女も縁側に出てみます。やがて家中の人々が母屋に集まりお互いに盃を取り、月を眺めて語り合います。隆子は月の入るまで見ていたいのですが、傍《かたわ》らの人が眠たそうにするので、早めに自分の部屋に戻りました。

○一日おいて十五夜は、親経、親賢は将軍家から酒や肴を頂いて帰ったので、親経の部屋に家族全員が集まって月見をしました。月への供え物をして、女の童には琴など奏でさせて、盃を酌みかわしました。隆子は宴果てて自分の離れに戻りましたが、眠れないので昔のことを思い出し、中秋の名月の趣を味わっていたようです。

翌十二年の十五夜は、親経が御広敷用人となり、広大院の係りに出世したこともあって、城中からの賜り物は多かったとのことです。以下その品々を拝見したいと思います。

〈月見の賜り物〉

広大院様から今日の月見のお祝いとして、様々な品物が親経の許へ下げ遣わされました。赤飯とおかずを初め、果物。魚は鯛・海老・鰈《かれい》などがあり、大きな青籠には梨や葡萄がたくさん盛られています。家中の者が集まって見て感嘆の声を上げました。

当主はこの日当直なので、明日の夜に本格的な酒盛りをしました。翌日には頂いた魚などを調理して盃を取り、そして今日もいろいろ賜り物をしましたが、その中に大きな鮨が二盛りありました。一盛りでも大食の大人が五、六人がかりでも食べきれない量でした。

（十二年八月十五日）

〈寒の入りの賜り物〉

また天保十四年（一八四三）十一月二十一日は寒の入りというので、井関家にも寒中見舞いの客が多く訪れています。この日、広大院からの賜り物は殊に多く、鯛、越前の鮭などがあります。大奥の女房からも、組重ねの大きな箱に、様々な煮物、鮨、果物などと共に、飾り付けた酒までも添えられていました。

呉服の下賜　貴人から着物・肩衣《かたぎぬ》（裃《かみしも》の上衣）などを賜るときは、積重ねられた衣服の襟を両手で引上げ、そのまま台ごとおしいただく。この場合、衣服のたたみ方にも規定がある。（「小笠原諸礼大全」より）

裃の下に着る礼装用の小袖（着物）

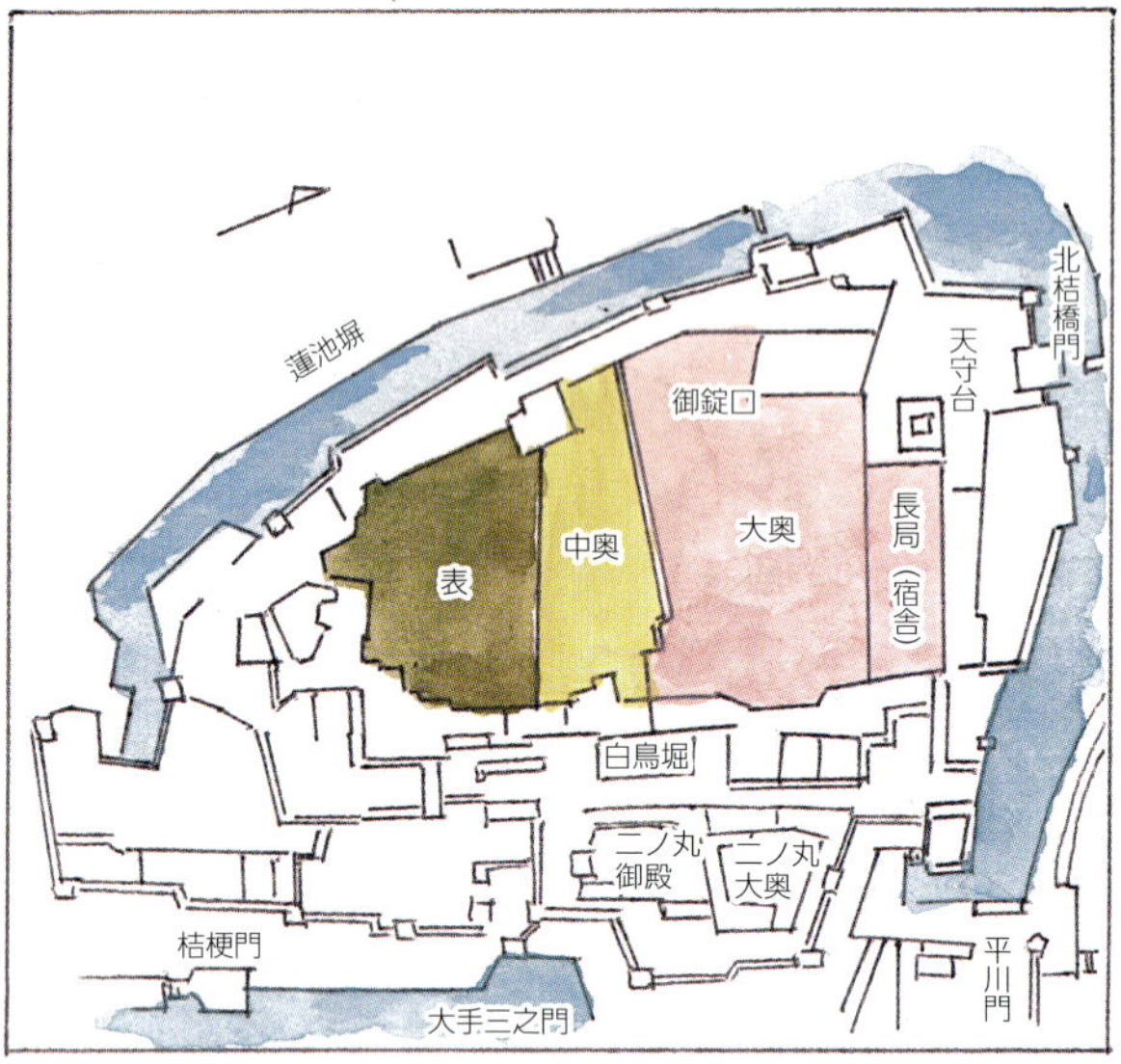

江戸城本丸の表・中奥・大奥図（村井益男氏作図より）

隆子の日記　天保 11 年（1840）4月 24 日の絵より。
当時の贈答品の詰め方や、流行のうちわの柄などを絵にし、酒席での道具も描いている。

◆贈り物の極意

前項で見たように身近に仕えてくれる臣下には、特に豪華で、また様々に工夫され、そしてバリエーション豊かな上に、心のこもる品々が贈られたことに驚かされます。分けてみると次のようになります。

1 衣 装…仕立てた衣装や反物、袋物、女手で作った美しい品々
2 道具類…文机と蒔絵の硯箱、火鉢・銀貨
3 食品類…赤飯とおかず、大きな籠盛りの魚や果物、大きな鮨盛り、重箱による果物と酒

女手で作った美しい品々というのは、大奥の奥女中が、日頃から御用の合間に縫って作って下さったものと思われます。重箱に詰める煮物類やおかず、鮨盛り類は、城中の賄い方で拵《こしら》えたか、仕出し屋に注文したのでしょう。魚や果物は、近くの魚市場や野菜市場に幕府の担当者が出向いて買い付けてきます。

衣装や反物は、幕府御用達の呉服屋がありました。行事の際、諸大名に配るお菓子は、やはり市中の幕府御用達の菓子処、とらや他に発注したと思われます。

また贈って下さる将軍家の人々も多彩で、元旦の時服などは将軍自ら立ち会い、正室、泰姫など将軍の家族から、そして大奥の奥女中たちからと様々です。

贈り物というのは、相手がたいそう喜んで下さるのを想定して贈るものだなと、教えられる心配りでした。

◆正室の名代《みょうだい》で京に出張

天保十二年（一八四一）、親経は家斉の正室、広大院の名代という大役を仰せつかり、円台院の上の葬儀のため京都に行くことになりました。このような時には各部署への挨拶まわりも欠かせないようで、この度大役を頂いたお礼の挨拶まわりをしています。

◆ハイクラスな出張手当と賜り物

旅の前にはやはり将軍家からは多くの賜り物がありました。

○正室の広大院からは、御衣に添えて、黄金六〇両（約六〇〇万円）、御文庫二つに、白羽二重に八丈絹（どちらも絹の反物）、御杯、様々な袋物、綾錦の楊枝差しなどを賜りました。
○東明の宮《とめ》からは、白紅の紗綾《さや》二巻（絹の反物）。
○家定の君からは、白紗綾二巻を賜りました。

そして高貴な方々や大奥の奥女中たちからは御遣いがあり、多彩な品々が届けられ、また親戚や知人からも

餞《はなむけ》の品々が届き、家の中には旅の荷物とこれらの品々が所狭しと並べられています。

かなり夥しい物を頂いたと思われるのですが、出発前日に親経が登城すると、さらに御下賜がありました。
○親経は登城して御朱印や将軍の押手などを受け取り、また広大院からは白銀二〇〇枚、御菓子代を贈られました。その他の方々の物はみな取り揃えて、長持ちに納めて下されました。

現代の私たちにとっては、出張費が黄金六〇両とさらに白銀二〇〇枚とは、驚くばかりです。現代の男性の平均年収四〇〇万円から四五〇万円くらいをはるかに超える手当です。御遣いが来て続々と届けられる餞の品々にも驚かされますが、ただしこれらの膨大な心遣いに対しては、気を配った返礼をしなくてはならず、それを見てみましょう。


出発当日は公的な旅なのでまるで大名行列のような趣で、徒歩侍を先頭に、鑓箱、弓持ち、引き馬、具足の長櫃などが並んで進み、東海道を京都へ登りました。

名代の大役を終えた後、将軍家へのお土産はなんでしょう。
○広大院へは、書物にご興味がありそうなので本を箱に納めたものと、京の美しい色とりどりの短冊も箱に入れて献上しました。そして家慶将軍へは当時人気のあった植物である万年青《おもと》の大小を様々な陶物に植え、真砂を敷いたものを奉りました。

さて、庶民の感覚では到底想像もできない将軍家の贈答のお話でしたが、これらの話の内には江戸当時、上層から庶民までを含み、共通する習俗があります。それは贈る、お返しをするという、〝贈答の習慣〟です。

元旦に賜る御衣には、家臣の方は太刀を献上していました。京都出張の賜り物に対しても、お礼をしています。あとの章でも触れますが、庶民の間でも贈答は習慣になっていますので、ご注目下さい。

それから『井関隆子日記』では、気軽に親戚などを招いていましたが、江戸時代の人々は社交生活が大変多いのです。上層においてどのような時に親戚、知人が訪れるのかを見てみましょう。まず月見があり、寒の入りにも多くの見舞客がありました。また息子の親経が広敷の長に抜擢された人事異動の発令日には、やはり大勢の親戚や知人がお祝いを述べようと訪れています。現代のような情報機器がない時代に、皆で喜びあうという親戚間の親密度が、現代とはまったく異なるものを感じます。

11代将軍　徳川家斉像

将軍家より拝領の鉢植えの図（『井関隆子日記』の絵より）

12 代将軍　徳川家慶像

五　上級旗本婦人の暮らし

◆幼少の教育と教養

家族にはめざましい昇進をし、御広敷の長という高位にある息子や、日記の当時は家慶将軍の小納戸役であり、三二歳の孫がいました。つまり現役の男性陣と政治向きのことも交えて話をしたのですから、隆子自身も教養が相当高かったと思われます。隠居の隆子は、息子や孫と家庭内で酒を酌み交わしつつよく話をしていますし、慕われてもいます。後妻ですが先妻の息子たちを幼少の頃から可愛がって育てたことも窺えます。ここでは隆子の背景となっている幼少時の教育や、その後の教養についてを見ていきたいと思います。

隆子が八歳の時に父は亡くなり、代わりに養育したのは兄の安邦ですが、彼は学問に傾倒していて、漢籍、漢詩などに詳しかったようです。また隆子の実家は現在の東京都新宿区大京町で、この辺りは江戸城や江戸市中の警備を担当する旗本・大番組衆の比較的小さい屋敷が並んでいた様子です。

「私が生まれた所は四谷といって、旗本の中でも、特にこれというほどではない人々が、かれこれ住んでいて、萱葺《かやぶ》き、板屋などの田舎めいた家が混じっていた」

とありますが、四〇〇石で六六〇坪の敷地なのですから、現代から見れば約六軒分の広さはありました。

武家の男児の基礎教育は漢籍で四書（大学・中庸・論語・孟子）を学ぶことから始めます。学問好きの兄に育てられながら実家にいた頃には、隆子は自然と中国や日本の古典に親しんでいったと思われます。

隆子は元々勉学が好きだったようで、古学を教える塾に学んだり、冷泉流の老女に歌の指導を受けたり、国学者の林国雄を家に招いて講釈を聞いたりしています。その後は賀茂真淵や本居宣長などの国学関係の本を読みながら、独自に古典の知識を身につけていったようです。彼女は大変な読書家であり、時々は創作もし、絵も描いています。

しかし勉学のみではなく、好奇心が強くおちゃめさも窺えます。天保十二年（一八四一）、後期の江戸では寺社に参詣する習慣がありました。寺院では「開帳」という、秘仏を特別に公開することがあちこちで行われはじめます。その中でも浅草寺の浅草観音は殊に賑わっており、この頃の盛り場では見世物が流行っていました。

この浅草寺の奥にある奥山は見世物で大変人気があり、隆子も見物していますが、この時に眼の玉を出し入れして重い物をつるす〝眼力太夫〟と名乗る小僧にはよほど驚いたのか、上手なスケッチを日記に添えています。

当時は年中行事というものがあり、現代ではあまり行われなくなりましたが、江戸時代には階層を問わず皆がこの行事を楽しんでいました。たとえば元旦、鏡開き、衣《ころも》更《が》え、両国の川開き、山王祭り、四万六千日、草市、十五夜、重陽《ちょうよう》、玄猪《げんちょ》の祝い、宮参り、暮れの煤払《すすはら》いなどです。それらが詳細に綴られています。

また彼女は単に文芸好きに留まらず、隠居としてのたっぷりとした時間を使って、さかんに出歩いています。花見の頃の上野、隅田川、午《うま》が淵、牛嶋、早稲田の様子。牡丹の谷中、北沢村、菊の巣鴨、見世物の浅草、吉原の乾店《ほしみせ》（露天商）、釣り船の両国、佃島、花火の両国と行動派でもありました。行事やこのような物見遊山の外出にしても、書き綴るには感受性とかなりの観察力が必要で、そのような資質を彼女は持っていたようです。

これが家族に語られた場合、やはり面白いのだろうと思われます。


さらに日記には社会面が出てきます。日記が書き始められたのは天保改革前でしたが、天保の改革という社会の激変に会います。大御所徳川家斉が没すると同時に、家斉側近の罷免、そして政治の刷新がありました。〝上知令〟という、江戸城、大坂城の十里四方の私領（家康以来の、各自に与えられた土地）を幕府の直轄地とする令は、皆は強制的に別な土地に変更されるわけで、大反対にあい失敗しました。隆子はこの上知令に批判的です。

また老中水野忠邦は罷免と降格によって引越しを余儀なくされました。その引越し時の水野をせめようと群衆が押し寄せて石を投げる様子など、社会面での記述も見えます。当時の女性で社会性のある記事を書くことができたのは、家族や親戚に政治に関わる人がいて、様々な情報を伝えていたからです。

隆子は確かな情報が素早く即事的に入る立場にあり、自らも好奇心が強く、行動力もありました。さらに興味の対象が一つではなく多岐にわたり、様々な事象に関心を持っていました。また彼女は四季の草花を楽しみ、和歌や日記など文芸の道にも親しんだ人です。

経済的にも時間的にもゆとりがあり、恵まれた家庭環境であり、自己の持てる才能を生かすことができた人生だと思います。現代の老後の参考にもなるでしょう。

〔規定の多い武家の暮らし〕

武家

武家の元旦　男は礼装である熨斗目《のしめ》（腰に縞か格子柄）小袖か、紋付の着物の上に麻裃《かみしも》を着用して膳につき、皆で屠蘇を祝った。（「徳川盛世録」より）

食事の運び方、膳椀の置き方、食べ方
（「女用知恵鑑宝織」明和６年より）

扇の用い方　扇は常に携えるものとされ、座についた時には右膝《ひざ》の脇へ置く。また凶事には白扇に限り、柄のある扇は忌まれた。（「小笠原諸礼大全」より）

お菓子の取り方（「女用知恵鑑宝織」明和６年より）

刀の受け渡し方
刀の柄を右にして下緒《さげお》もいっしょに持って渡す。受け取る側は相手の右手の近くに自分の右手を置き、左手を添えて受け取る。（「小笠原諸礼大全」より）

和歌　女性の教養は読み・書き・歌の道と、
琴・三味線などの音曲。
(「女今川」安政２年より)

女性たちは結婚後も「月花もめでて家をも納めつつ雪や蛍の学びをもせよ」と、物見遊山《ものみゆさん》や読書も楽しめた。
(下河辺拾水著「児童教訓伊呂波歌絵抄」安政４年より)

六 中級武士

◆中士の男(夫)たちの格と職種

幕府では旗本と御家人の境目はお目見え以上か未満か(境は約二〇〇石)となっています。たとえば次項から取り上げる「武家の女性」では、水戸藩の場合、安政の幕末当時は五〇〇石以上を上士、一〇〇石から五〇〇石までを中士、一〇〇石未満を平士と分けており、平士の場合は内職も許され、勤番の日数も少なく、万事格式ばらなかったとあります。他藩においてもほぼこのぐらいと見て良いと思われますので、本書においては中級武士(中士)を約一〇〇石(俵)から五〇〇石くらいまでとして見ていきたいと思います。

次に家臣団といった場合には、事務職の〝役方〟と、軍事力である〝番方《ばんかた》〟の大きく二つに分けられます。中級武士は番方衆に多く属しています。たとえば幕臣の番方を代表するのは〝五番方〟という平時の常備軍で、御小姓組、御書院、新御番、大番、小十人です。また地方の藩においても番方は必ずあり、他の職種もあります。

年収は現代では一俵や一両でいくらかが諸説ありますが、中流で約四百万円くらいと仮定して進めます。

◆中・下士の組屋敷

幕府や地方の藩の城下町においては、百人組や御徒歩《おかち》組などの戦闘集団や、与力、同心などの捕物集団は、中級や下級武士を含めて各人ではなく、組単位で土地や屋敷を与えられました。これは〝組屋敷〟と呼ばれています。地方においても軍事の番方は道を挟んで同じような土地と間取りで並んでおり、集住していました。また番方でなく他の職種であっても、基本的には同じようなクラスの者が集住しているというのが武家屋敷の配置です。たとえば伊達藩(現・仙台)の足軽部隊においては「五〇人町」「六〇人町」「三〇〇人町」があります。

◆水戸藩の中士の様子

後述の『武家の女性』によれば、「二〇〇石ともなれば、組子《くみこ》(手下の者)の生活の世話をする。時には呼んで酒も振る舞う。馬も飼い、家来の二、三人も置かなければならず、服装、武具などすべて格式に応じて相当の物を整える必要が有り、勝手に生活を切り詰められない（家来を数名抱えることは武家の規定）ので、二〇〇石から四〇〇石の所が、内実は一番苦しく借金が多かった」とあります。下級武士であれば内職もできたのです。

◆水戸藩　藩校教職の家──「武家の女性」より

この項では幕末の安政四年（一八五七）頃の水戸藩の中士の家庭を、山川菊栄著『武家の女性』より見ていきたいと思います。同書は菊栄の母である青山千世《ちせ》と幕末の家族の様子を描いたものであり、千世が少女の頃に見た父や家族の話が主になります。

水戸藩士、千世の祖父延于や父の延寿は皆「大日本史」編集と、藩校である弘道館の教職に携わっていました。藩校である弘道館の教師は、実力本位で藩の許可が得られるので、世襲ではなく一代限りでした。水戸では二代藩主光圀《みつくに》が儒者を世襲にすると実力不足の者が職に就くことを憂えて決めたものです。そしてお塾（私塾）は誰でも勝手に開けるものではなく、藩の許可を得た上で、相当の学者と認められた人だけに許されました。

千世の家族の男たちはいずれも水戸藩に仕えており、また私塾も開いています。

［青山千世家の構成］
家族…父延寿と母きく、息子1人に娘2人
　きく、の生母は別棟に同居　（計6人）
書生や奉公人…
　門番の彦八爺さん
　寄宿生（1人）
　学僕であり雑用もする17歳頃の軍之助と、
　その母と妹二人の家族（4人）
　女中（1人）〈で奉公人たちは7人〉
［総数・13人］

母きくの生母は大きな菓子屋の町人の娘で、後妻に来ましたが離縁されました。その後商家に再縁しましたが、死別しています。後に娘である青山家のきくの家に引き取られています。青山家は士族、生母は町人の出ゆえ、身分違いのため主従の扱いとなり、娘夫婦から大切にはされましたが、屋敷の母屋には住めませんでした。そこで屋敷地の中にある武家長屋に住んでいました。

さて、奉公人の話にうつります。一〇〇石以上の中士ともなれば家来の二、三人は置かなければならず、従って女中も必要となり、ますます貧乏になるようです。

青山家の本家の主人延光は中士の身分だったので、家来三人、女中二人、馬一匹を置き、外出には家来を二人連れていました。また延寿の弟三人はみな平士（下級武士）でしたが、必ずお供を一人は連れていました。

一方、五〇〇〇石取りの城代家老、上士の鈴木石見《いわみ》守《のかみ》は家来三〇人を持っていました。

通常武士の次三男は他の藩士の家へ養子に行くか、一生独身で父や長男宅の武家長屋にくすぶりながら住み、手内職での小遣い稼ぎくらいしか、職はありませんでした。分家は財産を分けることになるので、何千石の家老の家でないとできないそうです。

青山家でも次三男は他家へ養子に出ましたが、四男の父延寿までは養子は無理でした。しかし能力が高かったため水戸の烈公の寵遇を受け、本家とは別に禄を受け、一家を創立できました。これを〝別家召出《べっけめしだ》し〟と言います。

とはいえ初めの出仕の頃には、どんな武士も小禄から始まります。学者の父延寿は若くて新規御取り立ての貧乏侍で、机と本箱と寝具だけが財産の書生あがりでした。母きくのほうも実家では父が死亡して継子《ままこ》扱いだったため、祖母の古着と煤けた虫食い箪笥《たんす》一つだけであり、目ぼしい家財道具は何もない家でした。

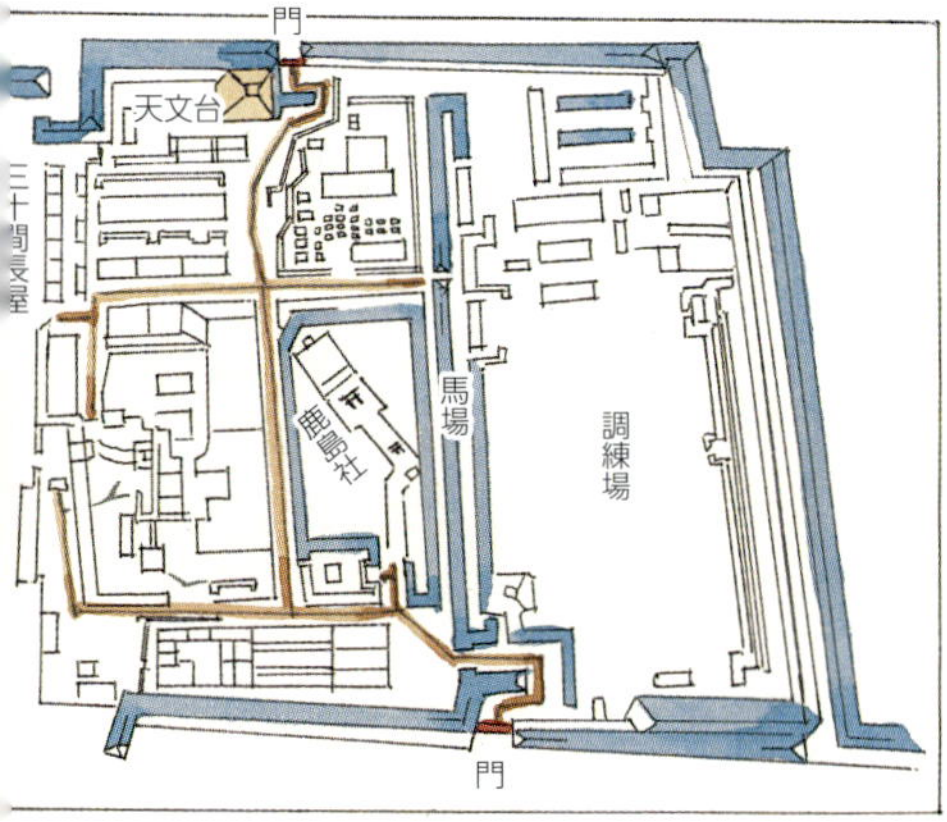

水戸藩校弘道館の平面図

幕末の藩主、徳川斉昭によって天保 12（1841 年）に創設され、熱烈な尊王攘夷論の士気を高める場ともなった。

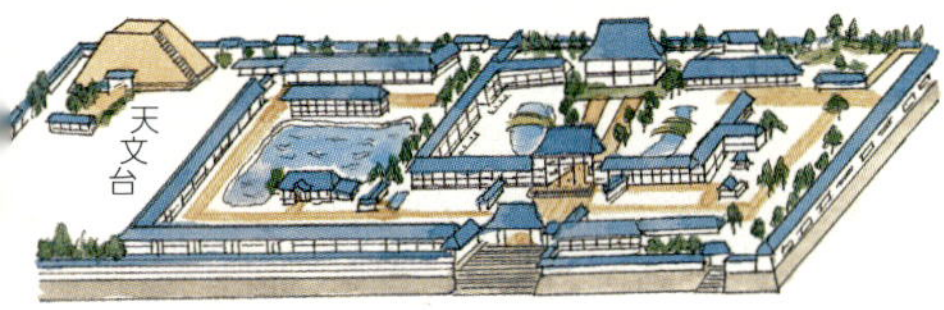

参考：会津藩校日新館の図

江戸初期の寛永年間に創設。藩校の西北には観台（天文台）が設けられており、幕末の白虎隊の少年たちもここに学んだ。中央の大きな建物は、儒学の祖、孔子らを祀《まつ》る大成殿《たいせいでん》で、それを取り囲むように学舎が連なる。水練用の池や砲術場もあった。

六　中級武士

昌平坂学問所の講義風景

元は 1630 年林羅山の私塾に始まる。寛政改革時に教育が奨励され、昌平坂学問所は江戸幕府直轄の教育機関となる。後の東京大学。(「聖堂講釈図」より)

〔青山千世家の構成〕

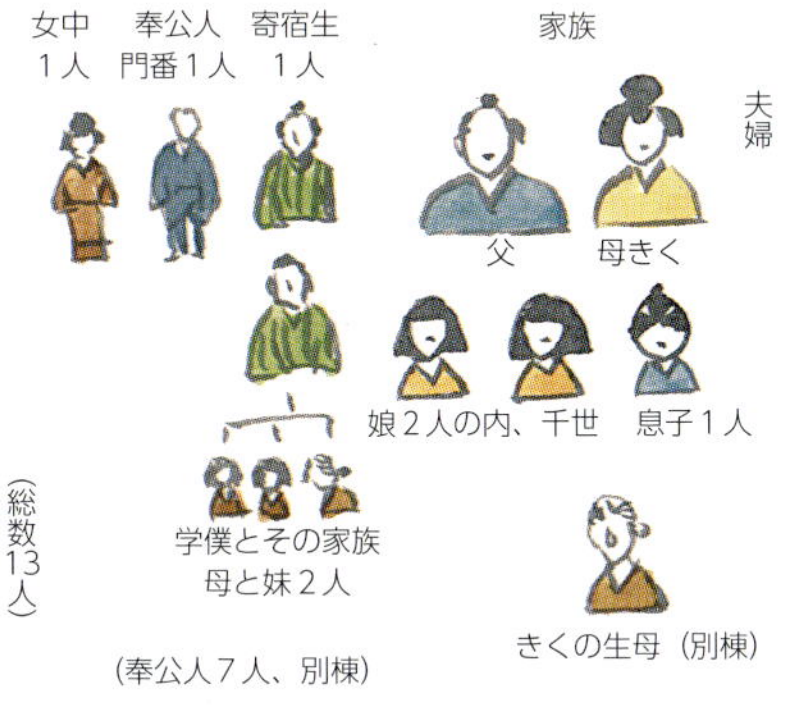

水戸藩の弘道館内部

江戸時代の後期に開設された、日本最大の規模をもつ藩校。文武両道を教育方針とし、広く諸科学、諸学問が教育、研究され、馬術や剣道の武道も行われた。

七　中士婦人の暮らし

◆青山家の住居

青山家の玄関は三畳ほどであり、内玄関は四畳半です。全体では大小の部屋を取り混ぜて八室くらいであり、内部には鈎《かぎ》の手の長い廊下と、障子の外は廻りを囲む長い縁側になっています。

それから門は大きな長屋門で、門の両脇は武家長屋になっていました。武家長屋とは門の左右に連なる細長い長屋のことで、人が住める住居になっています。門を入ると左手の長屋には門番の爺さんが住んでおり、右手の二間《にけん》半に十間《けん》（20メートル）の細長い長屋が、お塾（私塾）です。この長屋は襖《ふすま》や敷居（引き戸、障子などを開けたてする横木）で仕切られず、琉球表の畳（ふちがない）を一面に敷き詰めたがらんどうの部屋であり、中には経《きょう》机《づくえ》と御文庫が何段にも積み重ねられていました。

その頃の幕末の水戸藩では茶の湯、生け花が禁止だったので、書斎と応接間である書院の床の間には、掛け物、床脇には刀掛があるだけです。裏庭に植えた花を仏様に供える家はあっても、床の間には飾らなかったとあります。

御客がある時、上士の身分の場合は男が取り次ぎや茶を出しますが、中士で一〇〇石以上くらいの身分では、お客があれば妻や娘が取り次ぎにも出れば、御茶も出しました。これは水戸藩だけではなく、身分が下がればそうなります。御客は次の間で大刀を取ってそこに置き、脇差だけで座敷へ向かいます。主人が「お刀上げ」と声をかけると、家の者が出てきて、袱紗《ふくさ》（絹の小型の布で、物に直に触れない時などに使用）代わりに左右の袂《たもと》で捧げるようにして刀を持ち、御客の後ろへ鍔《つば》を左にしてそっと置き、刀は素手では持たないのが作法でした。

それから庭に眼を向けると、金魚池が三つ、苔のついた飛び石や築山《つきやま》があり、ツゲの生け垣と樹木があり、生け垣の向こう側には菜園があり、裏庭に廻ると鳥居と菅原道真《みちざね》公（学問の神様）のお宮。そして奥の蔵と竹藪を隔てて隣屋敷となっていました。

◆青山家の家事

青山家は藩校の教職と共に、武家長屋の一室で私塾も開いていました。早朝の夜も明けきらない内から、まだ前髪付きの十三歳前の手習い子の少年たちが、短い小倉《おぐら》袴《ばかま》に脇差を一つ差し、キリッとした格好で門をたたき、門番の彦八爺さんを起こします。

〈朝の家事〉

するると、この早朝から女性たちの家事が始まります。井戸にはつるべの落ちる勇ましい水の音、そして台所ではパチパチと大きな竈《かまど》で火の燃える音がします。白い煙が連子窓《れんじまど》から外へ流れ出し、早朝から部屋部屋にはハタキや箒《ほうき》の音がしだします。

そして夫が長屋の塾へ出勤する前には、主婦であるきくの仕事があり、それは座っている主人（夫）の髪をなでつけ、チョン髷の恰好を直すことです。髪が済むと千世の父は畳んである小倉袴を付け、脇差を差すと、お塾になっている長屋の方へ出かけました。家にいても、人に会う時は袴と脇差は付けるのが武士の作法でした。

〈機織り〉

朝の決まった用事が済むと、主婦は衣類の仕事である、縫物、糸くり、機織りに取りかかります。千世の母きくは、年中ひまさえあれば糸を引き、家族の着物を作る準備をしていました。そして子供がまだできない時には機織りをしましたが、子が増えて、夫の地位が高まり忙しくなるにつれて、家では糸引きのみとなり、織るのは外へ出していました。

機織りは武士の妻や娘の内職の一つでした。〝布団をほどき仕立て直し〟の時には、母は朝暗い内に起きて布団をほどき、布を洗って洗い張り（ほどいてバラバラになった布を、雨戸に張って干すと、しわも寄らずにピンと仕上がる）を済ませてから、今度は再度縫い直し、中に綿《わた》を入れて布団に形作ります。するとその夜には綺麗になったのを敷いて寝ることができました。

母のきくは、無口で真っ正直な、骨身を惜しまずに働く人で、働くのも要領が良く手早かったそうです。布団を洗って仕立て直して一日、というのを見てもわかるように、仕事はテキパキと片付け、経済上手でもあったそうです。

この家事の時間帯は大変多様化している現代ですが、江戸時代には家事は手早く片付ける習慣がありました。

武家の妻女は、中級、下級を問わず家族の着物を作ったり、機織りの内職をしています。このような物を作る製作の時間というのは、日がな一日やっていても何日もかかります。長時間かかる機織りのためにも、家事は早く片付けたのであろうと私は思います。

右上に綿があるので着物の〝綿《わた》入れ〟を作っているらしい
（「女大学宝箱」より）

糸くり（「女大学宝箱」より）

〔旗本・武井善八郎の屋敷〕

役職・賄頭
禄高・200 俵（中士）
屋敷所在地・小川町
敷地面積・412 坪
家屋建坪・210 坪

（『図説江戸２　大名と旗本の暮らし』より）

夜の読書

（「江戸府内絵本風俗往来」より）

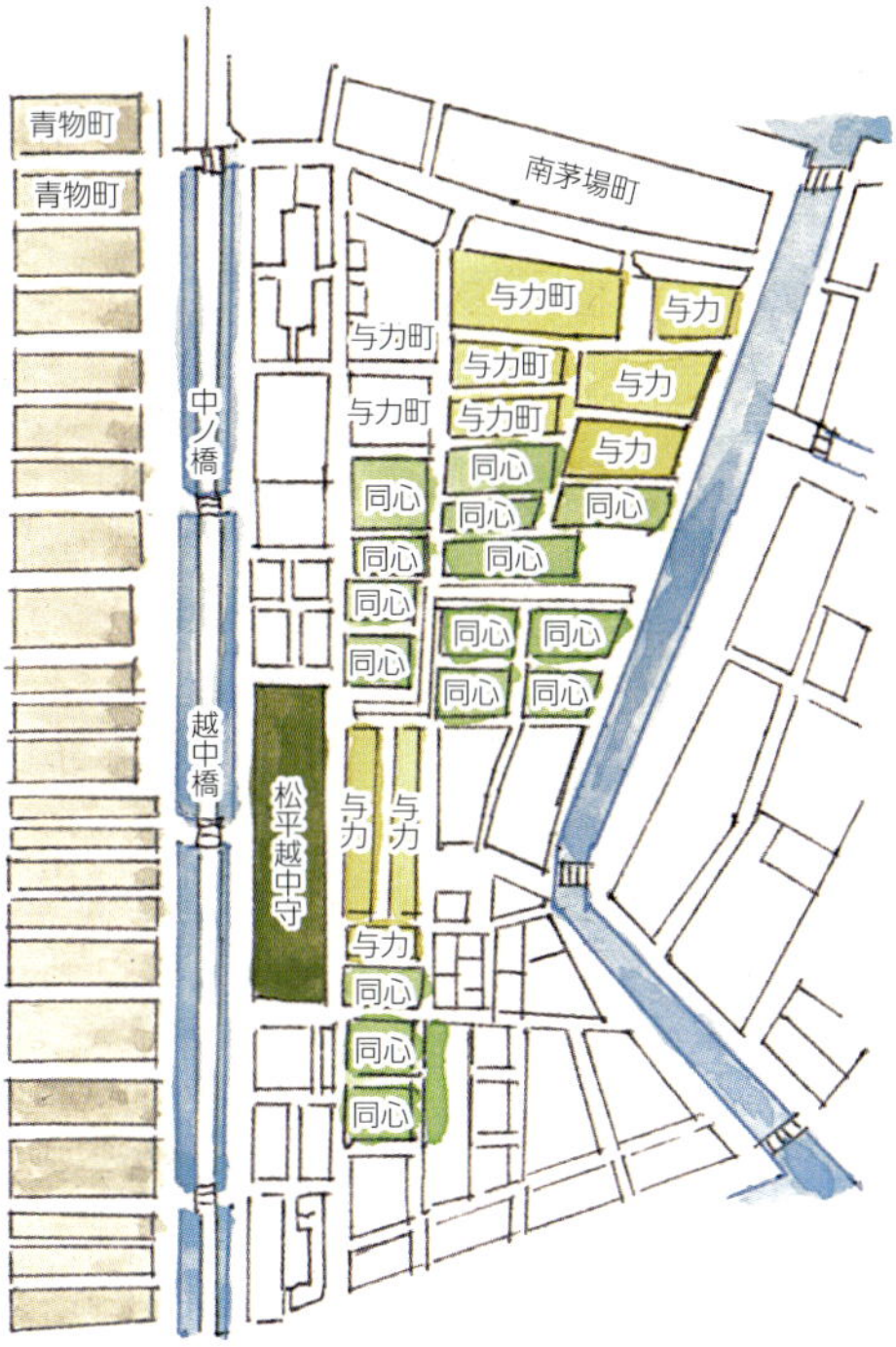

与力・同心の組屋敷

〝組屋敷〟は四谷、牛込、大久保、青山の辺、茅場町、御徒町、本所の辺に多く、江戸城を守る形で、大名や旗本屋敷の中に一区画をとり点在した。

（『図録近世武士生活史入門事典』より）

料理

〈三食〉

青山家の三食は、朝はご飯に味噌汁と漬物、昼はご飯と野菜の煮つけ、夜はご飯と味噌汁と魚であり、晩の味噌汁に魚が入ることもありました。

江戸時代のことなので肉類はもちろん使わず（仏教なので全国的に肉は食べません）、魚は地元で捕れる物だけなので現代よりもはるかに種類は少なく、単調とのことです。しかし鰹《かつお》や鰯《いわし》は豊富で、那珂川《なかがわ》の鮭や鰻《うなぎ》、久慈川の鮎《あゆ》も食膳に上ったそうです。

〈食事風景〉

食事は脚付きの銘々膳でとり、両親と子供一同揃って談笑しながらとりました。そして父延寿はお酒を一滴も嗜《たしな》みませんでしたが、母はお酒飲みの家の育ちなので、毎日晩酌に一本ずつ付け、御馳走好きで御膳の上を賑やかにするのが好きだったそうです。

また青山家では主人も奉公人も分けずに、食事は皆同じにしました。

※（菊）食事に差別を付ける家も多いようです。

また母の実家の方では、当主だけ一人特別の御膳で、朝から三度三度酒肴を欠かさず、妻子は別の物を食べることになっていました。

※（菊）食事は親子による差、たとえば当主の次席は長男とか、次三男や妻子は別室でとるなど、食事の部屋を別にしたり、食事の内容にも女・兄弟に差をつけたりすることは、家々で違っていたようです。

〈畑〉

武家の屋敷は広いので、通常畑や菜園があるものですが、きくは畑の世話が好きで、たすきがけ、お尻ばしょりで、裸足になって鍬《くわ》を持ち、手作りの茄子や胡瓜を食膳にものせ、人にも分けるのを楽しみにしていました。

◆贈答とおやつ

〈魚籠《さかなかご》〉

贈答にはどこの家にも〝魚籠〟といって、漆塗りの平たく細長い箱があり、千世の家の物は外が朱、内側は黒でした。魚のやりとりには中に笹の葉を敷いて使い、弘道館や私塾などの入学であるお弟子入りの時には、よく魚籠を頂いたそうです。水戸藩では魚は祝儀、不祝儀の贈答によく使われ、安くて豊富なためとのことです。

〈卵〉

家の戸袋の外に箱を打ちつけて鶏の寝床にし、三羽の鶏を放し飼いにしていました。一般に卵は現代ほどには使いませんでしたが、農家などでまとめて買うことができ、病気か特別の場合のみに食しました。

〈黒砂糖〉

砂糖は黒砂糖で、お正月には土鍋に黒砂糖を溶かしてグツグツ煮立て、その中にお餅を入れて煮てから黄な粉をつけるので、おいしかったそうです。白砂糖は普通には手に入らず、大身のお弟子から盆暮れに贈答として少々貰うくらいで、それを大事にしまっておき、お萩やお団子を作った時にふりかけて出します。白砂糖のあることが近所の評判になるほど、珍しかったそうです。

〈果物〉

桃、梨、柿や蜜柑はありましたが、味は現代の方が良いようです。蜜柑は皮の薄い小さな柑子《こうじ》蜜柑が雷神様のお祭りなどに沢山出るだけで、今のようないい蜜柑は江戸蜜柑といい、江戸から病気見舞いやお土産に貰う他は見たことがないそうです。

〈おやつ〉

おやつは毎日食べることはなく、さつま芋か、かき餅でした。餡《あん》のものは食べることはなく、中級かそれ以下の武士の家では、来客があっても一々お菓子を出すことはなく、お茶だけでした。平生お菓子のある家はなく、第一に菓子屋があまりありませんでした。

〈料理〉

料理に関しては材料が決まっているし、何事も仕来たり通りで、新しい献立などはやらないので、娘も特に料理を習うことはなく、母親のするのを見習うだけでした。十四、五歳で嫁に行き姑に仕込まれるにしても、大体共通の伝統料理をやっていれば良いとのことです。

※（菊）料理が主役という現代の主婦業とは大変違いがあります。

〈漬物〉

一年分の味噌を仕込み、漬物を数種類、四斗樽《しとだる》に漬け込んでおくのは、農家と同じです。醤油は買っても、味噌を買う家はなかったそうです。

※（菊）漬物に関しては、地方においては武家から農家まで各家庭で漬けていただろうと思います。江戸の都心である江戸市中では、下級武士宅であっても一軒家であれば、台所は広いので、漬け込む樽が置けるから可能だと思います。

ただし都会である江戸の場合、商家など広い敷地のある家は可能ですが、一軒家に住めない武士や、六畳や四畳半のごく一般的な長屋に住む庶民は、大きな樽は置けないため、作ったとしても、塩でもんだ浅漬けとか、ぬか漬けなど、小樽であろうと推測します。

（一般的な食事）

一般に食事は上座から主人、長男、次男の序列で女は下座などだが、当主が正面など一様ではない。女は別室でとるなど様々。食事内容に差があることも。

木具膳

日常の生活では脚の高さが
３～４cm の低い膳を使用。

<青山家の贈答>

〝魚籠《さかなかご》〟想定図

漆塗りの細長い箱。

果物

果物は、桃、梨、柿、柑子《こうじ》蜜柑《みかん》。

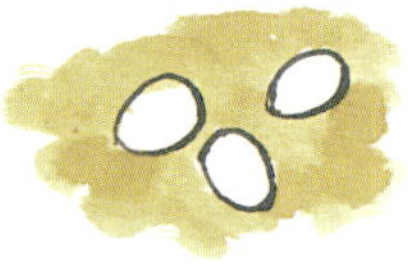

卵　自家で鶏を放し飼い。

漬物作り

大根を洗い干している所。

「漬物早指南《つけものはやしなん》」より

同書は 64 種の漬け物を紹介した漬け物専門の料理本。

江戸の蜜柑市（「蜜柑籠」版本より）

八　主婦の仕事　江戸は着物作り・現代は料理

衣類

当時着物といえば木綿に限られ、その木綿を作る綿《わた》は領内で作られたものでした。那珂《なか》川べりの平野は夏になると一面白い綿の花におおわれ、綿は家庭では作らず、領内の農家から買い入れました。綿を個々の家庭で糸に撚り、さらに染めて織るという手数は大変なもので、それゆえ着物一枚作るのは容易なことではなかったそうです。

※（菊）現代での衣類は店に行って買うだけという手軽さですが、江戸時代の衣類作りには手間と時間がかかりました。ここで江戸と現代の家事の違いを見ていきたいと思います。江戸と現代の主婦を比べると、現代の主婦は料理が第一であり、料理に最大の重点が置かれます。現代の食事は豊かになったことに加えて、和洋中を中心としたバリエーションが豊富です。そして食事という時、今日ではご飯よりも副菜の方がメインになっていて、それゆえにいかに多くの料理を作るかが重要になっています。

それから現代の家事の方は、掃除、洗濯などすべてが機械化されていますので、楽なうえに短時間で済むようになりました。

〈江戸の食事はご飯〉

江戸の家庭の料理は、前節の青山家の〈三食〉で見たように、あるいは当時の風俗研究家である喜田川守貞著『守貞謾稿』にも次のような同様の記述があります。三食の内、おかずは昼のみで、朝、晩は漬け物だけのようです。現代ではおかずが中心であり、逆転しています。江戸ではご飯でお腹を満たしていたようです。

ちなみに当時の武士の奉禄は、一人一日分が〝玄米五合〟で計算されており、◯人扶持というような表示になります（巻末資料③）。一人一日五合は、牢屋の食事の支給でも同じです。現代で一日五合も食べる人は、稀です。ですから江戸時代の家庭の料理作りは、それほど重点がかからなかったように感じます。

江戸は着物作り

それでは江戸時代の主婦の仕事の主役は何かというと、なんといっても〝裁縫で着物を作る（糸引きから機織りまで）〟でした。これは地方の武家、農家を問わずに通して言えることです。ただし大都会である江戸などの町家に関しては、庶民の一戸が六畳一間か二間ほどなので、機《はた》を置くスペースがなく、町家の主婦は機《はた》は織らず、裁縫のみと思えます。

地方においてこの〝着物を作る〟とはどのような仕事をすることなのでしょうか。まず家族全員の着物作りは、綿《わた》などの短い繊維（糸）を引くことから始まります。一本の長い糸にしたら染めます（染物屋に出すことも）。次に配色やデザインを考えて機を織り、一反を織り上げます。一反で一人分の着物ができ、反物にまで仕上がってから、裁断して縫い上げます。

このように手間ひまが膨大にかかるために、同書や他の日記の女性たちによれば、少しでもひまができると糸を引いたり、夜さえ行灯《あんどん》の灯かりでしていたようです。

それから〝家族全員の着物作り〟というのは、次の着物の種類が縫える必要があります。まず男物と女物です。次に子供用の着物で、赤ちゃんから七歳くらいの子供の着物は、大人用とはまったく異なる仕立て方をします。子供用はまだ帯を使わないために、腹の脇にひもを付け、肩揚げや腰上げという成長していくゆとり分も加えて縫い上げます。さらに、

- 木綿の単《ひとえ》（裏がない一枚着）
- 袷《あわせ》（裏付きの着物）
- 冬用には家族全員の綿《わた》入れ（袷の中に綿を入れて仕立てた）。全身に綿を入れた長着や、半天（短い）
- チャンチャンコ（袖《そで》なし羽織）、足袋、前掛け、おしめ、布団類

があります。

少なくとも主婦は木綿類でこれらの着物を作ることができないと、家族の皆で夏と冬場を越すことはできませんでした。ただし十六歳頃の少女の時点では、まだ木綿の単ものさえ縫えていれば大方は良かったようです。

現代と違い、当時は新品でできあがりの製品で着物を売っていることはありませんでした。縫物をして作ることが基本であり、また布は弱いのですぐほころびます。破けたり、薄くなってきた個所を頻繁に常に補修して、こまめに手入れをする必要がありました。これが江戸と現代とで、料理と着物作りの重要性が逆転している様子です。

着物をたたむ　上衣や袴などそれぞれに規定のたたみ方があり、これができないと一人前の女とはいえない。通常の着物はたたんで左袖が上になるのが正式。　（「明孝慈列女図会」より）

〔江戸の三食・江戸後期の食事〕

（『守貞謾稿』より）

〔現代の食事〕

九　身だしなみ

◆男の髪を結う主婦

水戸藩中士の娘千世の話によると、武家の普通の家庭では、男の髪を結うことも主婦の仕事でした。これは女性の髪を結う時のような細かい手数や技巧はいらないものの、力のいる、骨の折れる仕事だったようです。主婦が結うので、夫や息子の髪を結うのでしょう。

髪形の男髷《まげ》は、頭上は剃り、残りの髪を一度頭上でまとめて一本の棒状にしてから、前の方に倒して根元を結ぶ、チョン髷です。男の髪には現代のワックスのような、硬い油がしみ込んでいます。

「若くて毛量の多い男の髪は、一筋のおくれ毛もないようにビンツケ油で固めてあるのを梳《と》かすだけでも楽でなく、更にそれを木の棒のように固めて引き延ばした上で、元結《もとゆ》い（まとめて縛るための紐《ひも》）で根元を強くくくり、折り曲げてチョン髷に結うので、初めから終わりまで、まるで油で固めた棒と取り組むようなもの」

であったと綴られています。

また剣の稽古などでたちまち根元がゆるんだり、元結いが切れたり、ざんばら髪で髪をふり乱した状態になる時には、稽古場で男同士結い合ったそうです。

とにかく家で度々結い、男たちの頭上の月代《さかやき》も年中青々と剃っておかなければならないので、手がかかったそうです。また年をとればとったで禿《は》げ頭に〝つけ髷《まげ》〟の苦労があるとのことでした。

◆結い髪

江戸時代の男女の髪形は、成長するにつれて変わってゆくものでした。女児は三歳から六歳頃までは〝おたばこぼん〟。次に頭上で丸い輪を二つ作るお稚児《ちご》の時代を四、五年経てから十一歳には少女の髪形である〝桃割れ〟。十五歳頃から嫁入り前の娘が結う〝島田髷〟、そして十六、七歳で嫁ぐと〝丸髷〟になります。また女房になるとすぐに〝お歯黒《はぐろ》〟を日々つけて、人妻の印《しるし》としていました。

杉本鉞子《えつこ》著『武士の娘』の幕末の思い出に、髪結い日の記述があります。定まった髪結い日に髪結いさんがやってきます。そして最初は、髪のくせ直しをするようです。それはまず髪を洗った後、すぐに髪結いさんは熱いお湯に美男葛《びなんかづら》（髪油）を浸したものと、硬い油である伽羅《きゃら》油を、鉄子の髪にしみ込ませます。しっとりさせてからそれをぎゅうぎゅうに後ろにひっぱり、しっかりと結わえておいて、少し時間をおきます。

ここで姉たちの髪を結いますが、その間には鉄子の髪はこわばり、眉はつり上がります。すると少し縮れている髪の毛は一時的に伸びるので、それをきれいな元結いで巻いて、稚児輪に結い上げたそうです。

当時、縮れ毛は日本ではきらわれていて、彼女も大変気にしており、また親戚にイヤミなどを言われる試練の数々もあったようです。日本人に嫌われるその理由というのは、けものの毛に似ているというものでした。

◆女髪結い

水戸藩中士の娘、千世の話に戻ります。髪を結うには御祝儀の時は特に上手な人に頼むこともありますが、本人や家の者が上手ならそれで間に合わせました。髪は自分で結うのがもっぱらですが、上流ならば女中が結い、奉公人のいない家では、近所の者同士が互いに結い合ったりしました。

水戸では女髪結いは武士の家庭に出入りは許されず、遊郭か裕福で派手な町家にしか出入りしませんでした。また女髪結いの出入りする家というのは、奥さんが堅気でない証拠のように言われたとのことです。

◆入浴

中士あるいは下士においても家により、武家では屋敷内に内風呂があったようで、図面にも窺えます。当時は「日髪《ひがみ》、日風呂《ひぶろ》」といって、毎日お風呂に入り、毎日髪を結うことは奢《おご》りの沙汰に見られていました。井戸水を汲みあげて手桶で運ぶため、お風呂は一週に一度くらいたてたそうですが、毎日肌脱ぎになって糠袋《ぬかぶくろ》できれいに洗うことは欠かさず、また行水《ぎょうずい》、腰湯《こしゆ》をよく使ったとのことです。

他藩の武士の話を聞いても、お風呂を沸かせば、隣近所で代わる代わる貰い風呂をしたもので、お風呂は毎日沸かすものでもなく、また自分の家だけで入ることもなかったそうです。

江戸後期の水戸や他藩では、銭湯はなかったか、あるいは初めてできる時期でした。風聞で聞いていたり、参勤交代の江戸詰めの時に初めて入ってみたようです。武家屋敷には内風呂があるので、銭湯は用いなかったようです。

武士の家庭　書見中の父親と母子。父の背後には「春秋左氏伝」「周易本義」など儒学の本が並んでいる。（「朝顔日記」より）

結髪や身だしなみを整える女たち（菱川師宣「和国百女」元禄８年）

武士の家庭で、月代《さかやき》（前額から頭頂）を剃っているところ。（「日本風物蒐談」より）

下級武士の桶風呂（「石城日記」より）

十 中士婦人の教育・遊山・交際・手土産

◆教育と遊山

武家の幼女は六歳頃から手習いを初め、読み書きなどの基礎教育を習います。青山家においては子孫が七、八歳になった時、祖父から詩作を学び、毎夜のように呼ばれて歴史の話などを聞いていたとのことですので、娘の千世にも同様の教育がなされたと思われます。

そして千世が十二、三歳頃になると、裁縫の師匠の所へ通い、裁縫を教わりました。武家の女性はこのように育つのが一般的であり、幼女の頃から手習いを初め、少女になったら裁縫を親や身近な人から習い、嫁入り準備に入っていきます。そして十六歳頃には嫁ぎました。

〈遊山〉

千世の少女の頃の思い出によると、春秋の時候の良い頃には、裁縫の師匠やお弟子さんたちと連れ立って、那珂川の土手沿いに〝摘《つ》み草〟などの野遊びを楽しみました。そんな折には師匠の元お弟子さんの大きな百姓家などで休み、お茶を貰ってお弁当を開いたそうです。

また十三歳になった時に〝村松の十三まいり〟といって、少し遠いけれども家族と朝暗いうちから出かけて夕暮れまで、一日かけて神詣でに出かけたとのことです。

そして針供養の日には、御馳走を作り、裁縫の師匠宅で、皆と打ち興じたことが綴られています。

〈交際〉

良家の外出は稀《まれ》だったそうで、外出するのは次の四項目に限られ、他にはまず出なかったそうです。その一つは盆暮れの実家への挨拶、二つめは親戚の吉凶、三つめは親の命日の墓参り、四つめは寺社の参詣《さんけい》でした。

出るとなれば伴《つ》れか、お伴《とも》がなければだめであり、女中か家来を連れ、駕籠に乗っても後ろにはお伴がつきました。よくよくお伴がなくて困った時は、近所のご隠居さんから神詣でのお伴にと「今日は吉田神社へ参詣いたしますが、伴を連れませんのでお千世さんを拝借致します」と子供を借りに来られたこともあったそうです。

また一般に女には自分だけの交際というものがなく、ごく近い親戚以外には、人を訪問することも稀《まれ》だったそうです。

〈祝儀・法事〉

御祝儀や御法事といっても、宴会は皆家でするので、十人前、二十人前くらいの膳椀《ぜんわん》は揃えてありましたが、手伝いに来るのは元の奉公人などの、昔からの出入りの女たちでした。千世の母は料理が得意なので、こういう時には手料理であり、女たちの手も借りながらもてなしたようです。また千世の実家では、婚礼には料理屋から料理人を呼んだこともあるそうです。

※（菊）江戸時代の富裕層では一家の家督を相続するという意味合いでの祝言であり、すべてを家で、床の間を背にして行いました。ですから今日のようにホテルや貸し席は使いませんでした。現代でも地方においては通夜や法事などの時、近所の人たちが集まって料理を手助けしてくれる地域があります。江戸期の祝儀や法事はこのような状況をさします。

〈来客の時〉

お客様に座布団を出すことはありませんでした。主人（夫）の書斎に薄いのが一枚あるきりで、家族は座布団を持たないし、ないので、お客様に出すこともなく、他所へいっても出たことがありません。主人も客も座布団なしで座り、渋茶一杯ですんだとのことです。

※（菊）これに関しては都心の江戸でも同様で、座布団はないし、用いないようです。家庭の主婦は総じて皆裁縫ができる、つまり座布団などすぐ作れるのに作らないのは、習俗なのだろうと推測しています。

次にお客に行く時の作法ですが、食事時の訪問は避けることになっていました。お客に行けば当然家来も連れて行くので、先方の迷惑を察して長居はしません。親戚その他特別の場合などに、食事時ではなくとも酒肴を出すことはありました。

〈手土産〉

手土産は現代のように必ず持参するものではなく、殊に現金収入の少ない時代でもあるので、買おうにも商品自体が少なく、買った品を持っていくことはまずないそうです。家にできた野菜とか、柿、栗、せいぜいお煎餅の袋でした。前述のように魚は祝儀、不祝儀の贈答によく使われました。

また、このように素敵な贈り物の仕方もあります。千世の父の継母のおばあさんは、優しく良い人で、手先が器用でした。この人が毎年、父延寿の家へお年始に来る時に持参するのは、〝美しく刺した雑巾《ぞうきん》一枚〟と、〝裏の竹藪《やぶ》の竹を自分できれいに削ったお菜箸《さいばし》二ぜん〟に決まっていました。心のこもったまことに良いものであったと、述懐されています。

武家の折々の賀宴風景

長男、五歳の袴《はかま》着《ぎ》のお祝いらしい。中央に蓬莱《ほうらい》台（雲形台で、鶴亀などの飾り物がある）と鯛《たい》が置かれている。江戸中期以降、武家では本膳《ほんぜん》形式で手料理を出すのが普通で、比較的簡素に祝われた。

（千世の心に残る贈り物）

千世の父の継母のおばあさんが持参

手作りの竹の菜箸《さいばし》二ぜんと

美しく刺した雑巾二枚

（当時の一般的な手土産）

家庭にできた野菜、

柿、栗など

下級武士の石城の書斎

（「石城日記」より）

若菜摘み

摘み草は春の行事で、この時期には芹《せり》、よもぎ、嫁菜《よめな》、土筆《つくし》などの若菜が摘め、野に咲くすみれやたんぽぽも摘めた。春ののどかな一日を過ごした。

（「都林泉名勝図会」より）

十一　下級武士

◆下士の男（夫）たちの勤務

本書において下級武士といった場合は、より生活に密着している姿を見たいため、水戸藩での分け方、すなわち一〇〇石未満を平士（下級武士）としています。二〇俵や三〇俵取りが多く、この層が大勢を占める一般の下士ということになります。下士の仕事の多くは〝番方〟であり、城や門の警護、そして殿様の外出の際にも警護にあたります。下級武士は暮らし向きが立たないため、幕臣や地方の藩士たちは、内職を許されていました。

〈伴揃え〉

中士や下士の伴揃えの様子を前出の青山家に見ると、本家の主人は中士の身分だったので、家来三人、女中二人、馬一匹を置く規定で、外出には家来二人を連れていました。そして弟三人はみな下士ですが、お伴を一人は連れていました。下士は自分の奉禄が低いため家来は持てず、お伴を連れる場合でも一人ほどの武家奉公人のようです（武家ではなく、短期で雇い入れる奉公人）。

〈奉禄〉

千世の父がまだ若くて、弘道館の教職になりたての頃の奉禄は、一五石《こく》一人扶持《ぶち》です。他に職務に対する俸給であるお役料の五石が付いていますが、足して二〇石ほどで、貧乏暮らしをしていました。

武家は本書の他の例にもあるように、少年の初出仕の頃や、家督を継がない弟たちの場合は、まだ身分が低いため、禄も低いのが一般的です。その後少し出世したり、また最初から世襲の禄を頂いたり、様々のようです。

◆下士の住居

下級武士の住まいは中級武士よりも小さいけれど、その多くは一戸建てであったようです。その他に中士の住居で見たように〝組屋敷〟として、庭付きの一戸建てが道の両側に連続して建てられている場合もあります。

その状況を大岡敏昭著『幕末下級武士の絵日記』より見ていきたいと思います。

〈二万石亀田藩の五十石の武士の家〉

玄関は上り框《がまち》（踏み段）の付いた土間《どま》玄関で、そこから〝中の間〟を通って八畳の〝座敷〟へ向かいます。そこには床の間と縁側があります。

一方家族は別の入口である大戸の潜り戸《くぐど》から入り、小さな土間を通って八畳の〝台所〟へ。さらに家族の集まる部屋であり縁側もある八畳の〝茶の間〟があり、寝室として〝納戸《なんど》〟と、別に四畳の部屋があります。

客用と家族用の二つの便所があり、北には下男や女中など奉公人用の〝伴部屋〟がありました。

・塀…高さ一メートルの板塀　・屋根…茅葺《かやぶ》き
・門…丸木を二本立てただけ
・玄関…土間玄関と家族用の大戸の潜り戸の二つ
・座敷…八畳床の間付き
・茶の間…八畳家族の集まる部屋　・納戸…寝室
・中の間と四畳の部屋　・奉公人の伴部屋
・台所（八畳）　・入口の土間　・便所二つ

〈三万三千石高遠藩の、二十俵二人扶持の家〉

大屋敷裏長屋と称する下級武士の居住地にあり、そこには庭付きの一戸建てが連続して建てられていました。

井戸は道の片隅にあって共同であり、垣根はありますが門はありません。

・床の間の座敷（八畳）　・部屋二つ（六畳と八畳）
・囲炉裏の茶の間（十畳）　・土間玄関　・他物置
・押入れ　・台所　・味噌部屋

下士の場合、客は縁側からも気軽に入ってきて、縁側は入口にもなっています。

◆広島藩　儒者の家──「梅颸日記《ばいしにっき》」より

「日本外史」などの著者である頼山陽《らいさんよう》の父母が、お互いに重なる時期に取り交わして綴ったのが「梅颸《ばいし》日記」です。山陽の父春水は延享三年（一七四六）に安芸国（広島県）に生まれ、大坂の儒者の娘、静子（梅颸は静子の隠居名）と結婚しています。後に三十六歳から広島藩に儒者として、学問所勤務や書物の編纂により三十人扶持で抱えられます。同年の天明元年（一七八一）から始まるこの日記では、武家の日常生活を知ることができます。

［春水家　家族の構成］

春水夫婦、子は息子3人（内2人亡）、娘一人で（家族は4人）

書生…塾生と書生（2、3人）
下男…藤介、茂八（通い）
女中…1、2名（娘出産の時に増員）
他・手伝い女で臨時の人々…粂《くめ》（洗濯や機織り指導）、多門の妻（洗濯）、桶屋女房、ふみ（綿入れ）

［一家総勢で10人。臨時雇い4〜6人］

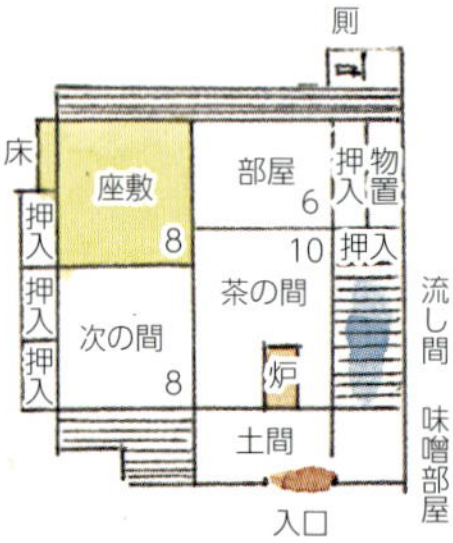

高遠藩城下の下級武士の住居
20俵2人扶持
（『幕末下級武士の絵日記』より）

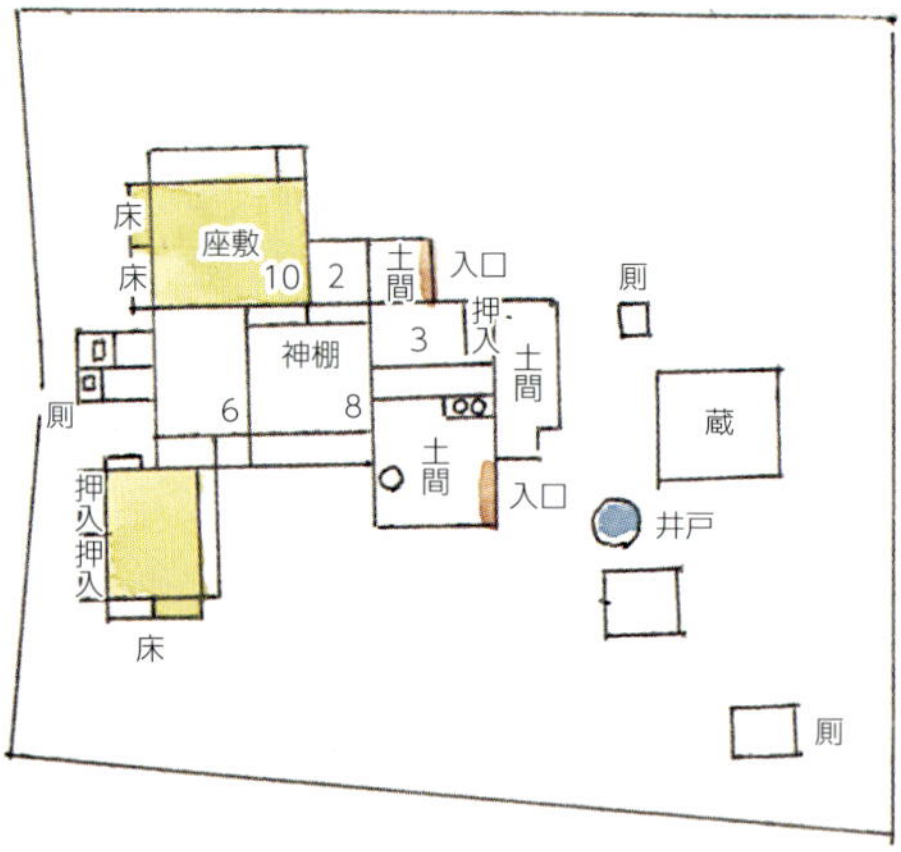

福岡藩城下の下級武士の住まい
無足組27石6人扶持
（『幕末下級武士の絵日記』より）

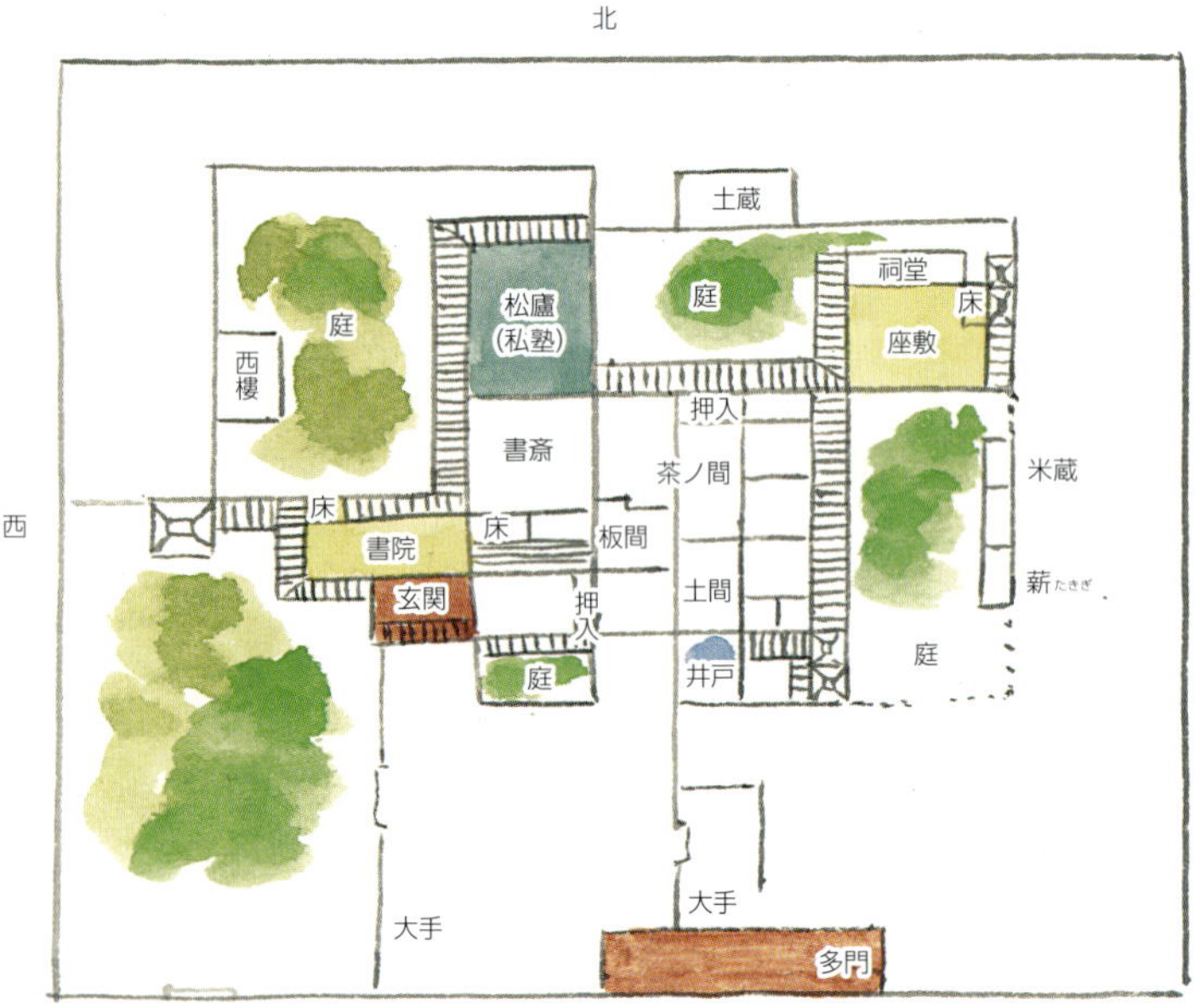

広島城下の頼春水邸　寛政元年（1789）に拝領し、この屋敷は文化元年（1804）に改築を行い、西北に私塾の「松廬」をおいた時のもの。日記に登場する掃除分担は、この屋敷図にそっている。（「梅颸日記」より）

頼春水　日記の静子の夫であり、広島藩儒者。儒者の頼山陽（右）の父でもある。（谷文晁「近世名家肖像」より）

頼山陽　春水と静子の子。漢詩人、史論家として名高く、「日本外史」他著書は、幕末の志士たちに大きな影響を与えた。（頼山陽旧跡保存会蔵より）

〔「梅颸日記」の春水家の構成〕

十二　下士婦人の暮らし——「梅颸《ばいし》日記」より

裁縫と家事

◆衣類・機織り

日記に最も記載が多いのは、衣料関係の記事です。主婦である静子の仕事は何かといった場合、それは〝着物の機織り・仕立てと修繕〟です。

木綿製品においてはまず生地作り、反物作りから始まります。糸を引いて糸を巻き取り、その糸を機《はた》にかけて織ります。織り上がった布を（染めに出して）裁断し、着物に縫い上げます。工程の内専門の職人に委ねられていたのは、綿《わた》打ちと染色です。綿打ちは職人が家にやって来て作業を行い、染めは染色屋へ出しました。そして原料の木綿の綿は、購入していました。静子の場合は竹原や実家のある大坂から、前述の水戸藩の主婦の場合には、地域で綿が採れるので、地元で購入しています。

ともかく木綿製品に関しては、染色を除いて、すべての工程を静子が行っていました。このような衣料作りを、静子は自分の仕事と認識していたようで、天明九年（一七八九）一月四日の記事に「夕（方）より仕事初め緋縮《ひぢり》緬《めん》下着」と記しています。また静子が糸を織る中に「予《よ》（私は）久太郎（息子の）木綿着物織る」と記されています。

さて、機織りには女中や手伝い女たちも関わっていたようです。女中の藤、りさと、娘の乳母は、糸を引いています。また臨時雇いの手伝い女である粂《くめ》（季節ごとの洗濯女でもある）や、やはり臨時雇いの桶屋女房が、布を機に上げ下げする作業と布を織るのを手伝っています。

この機織りというのはかなり熟練を要し、嫁入り前の若い女中（十一から十五歳くらいの少女）ではまだ無理ということで、織るのはベテランの粂などに手伝ってもらっていたようです。静子もまた若い頃には糸が切れたといっては桶屋女房が直しに来るなど、粂などの熟練者に頼っており、こうして徐々に上手になっていきました。

また静子が機織りを休む場合もあり、それは息子が疱瘡にかかった三月や、妊娠してつわりがひどい一〇月から、娘のお十《とお》出産と、その後も体調が悪く休んでいます。

〈着物作りと繕《つくろ》い〉

着物を縫う（仕立てる）ことや修繕は、すべて静子が行っていたようです。仕立てるものは二つあり、一つは〝家族の着物作り〟です。夫、自分、息子、娘の、それぞれ四季別の単《ひとえ》（一枚着）、袷《あわせ》、冬の綿入れや、産着、子供着、半天（腰丈の上着）など。

それから布団類に関しては、敷布団と夜着《よぎ》と呼ばれる大型の着物の形をした綿入れの掛布団があります。こちらも多くは主婦の手作りとなり、静子宅では一年に一度仕立てたり、また購入することもあります。作る時には綿入れのために粂やふみなどを雇っています。

〈奉公人の仕着せ〉

衣料の二つめの主婦の仕事は〝奉公人の仕着せ作り〟です。江戸時代には奉公人の着物は、夏の盆と暮れには一人一枚ずつ、女主人側から渡すことになっています。中級武士と、下級武士においても、奉公人は必ず置いており、主人側では夏や冬には一枚づつ着物を作る必要があったのです。なおこの仕着せは通常が一枚であって、静子の家では新調することもありましたが、お古も与えています。そして主人側の立場により、後の章の商家の大店《おおだな》では、冬には足袋《たび》と前掛けを付けて渡すこともあります。そして常に新しいものを渡していました。

江戸時代にはまだ貨幣が流通しておらず、給料でさえ現金で支払うわけではありません。幕末の下女奉公の相場は、半期（六カ月）で一両二分（一カ月で四万円弱。巻末資料②）と、暮らしてゆけない賃金です。奉公人は住み込みなので、劣悪とはいえ衣料（仕着せ）、食、住は付いていたから、現金はわずかでも暮らせたと言えます。

◆掃除

家事の全般を管理していたのは、夫の春水でした。そこで月に六回、四と九の日に行うことを春水が決めています。屋敷内の分担は、土蔵前を母静子と娘が掃除。茶の間とその庭を女中がふき払う。他は息子や塾生、奉公人などの男の仕事でした。

〈大掃除〉

特に大掃除は主として下男や書生の男たちが担当でした。

- 天明五年（一七八五）夏の大掃除では、春水の二人の書生が障子貼り（古い障子紙を剥がして洗い、新しい障子紙を貼る）をし、下男が隠居所廻りの掃除をしました。
- 天明八年（一七八八）の煤払いでは、下男二人が手伝っています。

機を織る時の一連の作業を、一枚の紙に描いてある。右は繭《まゆ》の入った湯桶から絹糸を取り出す〝くだ巻き〟。〝糸くり〟で長い糸にして機を織る。

（西川祐信「百人女郎品定」享保８年より）

（各自、自分の機織り見本帳を持っていた）

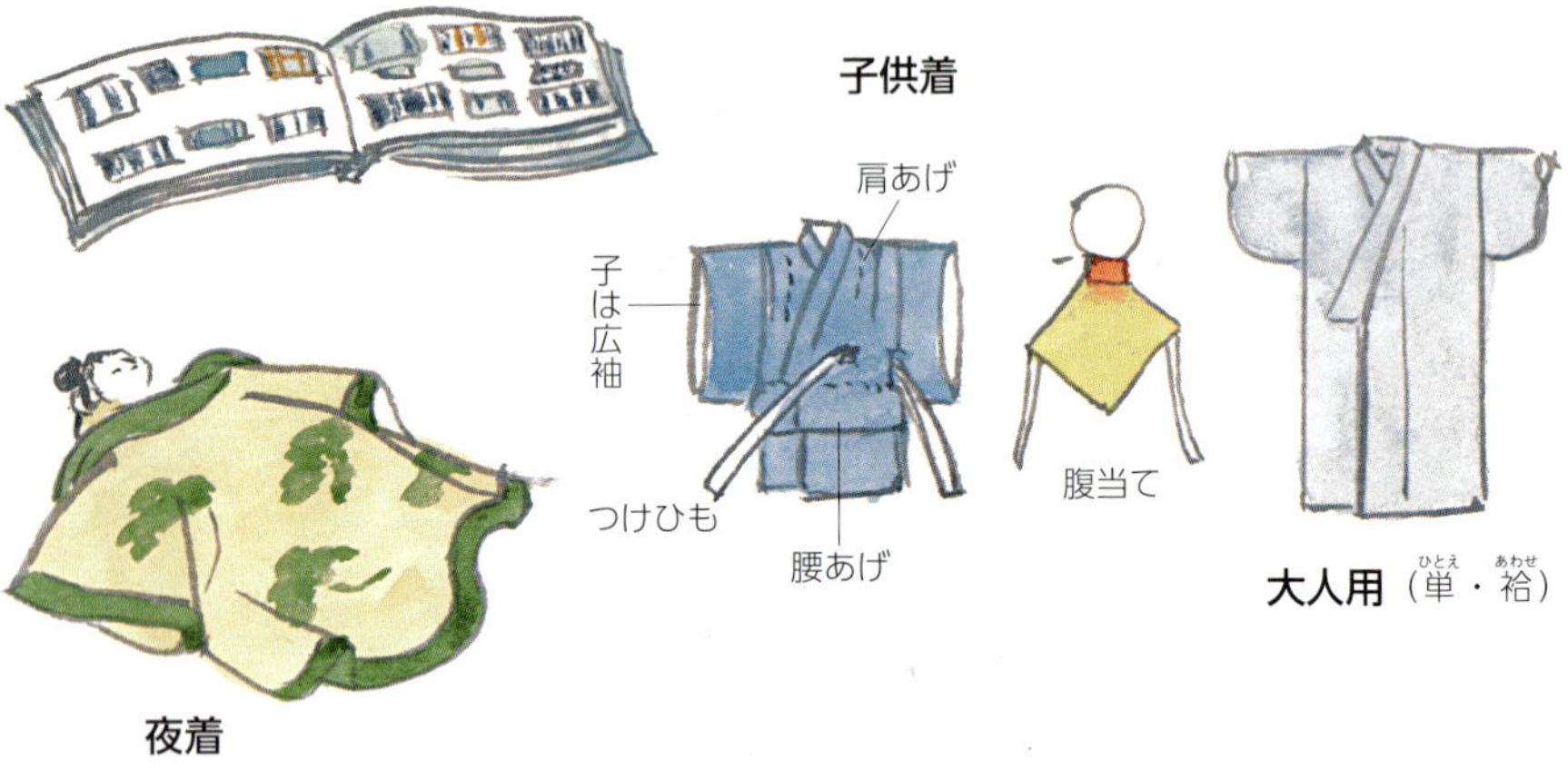

＜商家の大掃除＞

竹で天井を払う。

障子張り
古い障子紙を取り、洗って新しい紙を張る。

最初に畳を上げて板の間にしてから大掃除にかかる。

江戸の人々の大掃除は 12 月 13 日と決まっていた。武家や商家では出入りの衆などが馳せ参じ、煤払いが済むと酒肴が振る舞われた。（「風俗画報」より）

・寛政九年（一七九七）の冬の大掃除には午前と午後、一人ずつ、男の手伝いが来て掃除をし、障子の破れた個所の繕いをしていました。

◆食事作り

毎日の食事作りというのは日記には記載が見られず、これは女中が用意していたようです。といっても前述のように、おかずが付くのは一日に一食くらいです。主婦の静子が作っていたのは〝特別料理〟の時のようで、この時には日記に記載されています。それは行事である祝日や、人を招く時、そして病人食の時に見られます。

特別な料理の一つは、毎年二月一日や四月一七日に行われる〝弔祭の日の記録〟に見られ、天明九年（一七八九）の二月には、

御膾《おなます》（あわび、うど、きくらげ）
御汁（きりみ、よめな、ほしかぶ）
御平（玉子とじ、白うを、干ざんしょう）
御飯、御香物（から漬け大根）　御酒
初献（いいだこ、ごまあえ）
二献（干大根、おう貝）
三献（のり）
御茶　　　御菓子（干菓子）

という料理が用意されました。

今日の懐石料理のような、作法にのっとったコース料理を、年中行事である祭日には静子自らが、あるいは女中たちに指図して作っていたようです。

手作り料理の二つめは〝人を招く時〟で、日記にはあえて「手製」と特筆して出てきます。それは手製鮓《すし》（魚の漬物）、手製うどんなどの鮓や麺類であることから、毎日の食事作りの方は女中が担当していたようです。

そして主婦静子が作る三つめの食事は〝病人食〟です。家族が病気になった時にも、病人の症状とともに食べ物の記録があります。たとえば疱瘡の時には焼飯の小さいおにぎりや、寒ざらし、奈良漬けの茶漬け、粥《かゆ》、重湯、小豆粥、小豆飯を適宜作っています。

〈漬物〉

漬物のような常備食作りは、静子自身が漬け込んだり仕込んだりし、力のいる部分は下男に手伝ってもらったりしています。

◯静子が漬ける漬物の四種類
・大根のから漬け　　・味噌仕込み
・京菜漬け　　・鮓《すし》（魚の漬物で来客の時に使用）

醤油は自家製を作っておらず、父の実家から小樽が送られていました。

◆洗濯

掃除は主に男の仕事なのに対し、洗濯は女の仕事でした。日々の下着類の洗濯は下女の仕事と考えられますが、季節の変わり目の着物の洗濯には別に女性を雇っていました。

〈洗濯女を雇う〉

- 寛政五年（一七九三）十月九日と十一月十一日は臨時雇いで手伝い女の粂。
- 寛政六年（一七九四）三月十三日と四月五日は母静子。五月二十三日から六月一日までは多門の妻を雇って洗濯。七月十八日は粂が行う。

特に手伝い女の粂は天明八年（一七八八）五月に春水が江戸詰めから戻ってからその洗濯物を洗うために、一日半雇われています。その一方で彼女は静子の家以外からも洗濯のために雇われていく洗濯女でもありました。

○静子が四人目の子を出産した年の洗濯は

- 夫、春水の着物二枚を知人に頼む
- 夏の単物や帷子《かたびら》（夏用の上質な麻の着物）は、叔母を手伝いに雇って洗濯
- 長男の江戸詰めの洗濯物は、静子が一日がかりで行っています。

江戸期には厳密にあった季節ごとの衣更《ころもが》えの時や、参勤交代の江戸詰めから帰った時などの、臨時の洗濯の時には、その都度手伝い女にまとめて依頼しました。

〈衣更え〉

江戸の当時、着物は今日のように毎日だとか、勤め人のように週一回というように、頻繁には洗いませんでした。当時は〝衣更え〟という習慣があり、一年の四季の内で厳格に、定まった日に着物の衣更えをしていました。

冬には綿入れを着ていたのをやめて、四月一日には綿《わた》を抜いた〝袷《あわせ》（表地と裏地のみ）〟になります。五月五日の端午の節句（現六月）からは単《ひとえ》の一枚着に替えて夏の装いです。そして九月九日の重陽《ちょうよう》の節句から翌三月末日までは再び冬支度である長い綿入れの期間でした。

この洗濯に関しては現代とは着る物も道具も習慣も異なります。昔は着物、現代は洋服です。江戸の当時の着物は手縫いで、縫い目は弱く、家庭の普段着の生地は木綿です。そして大きな盥《たらい》を使って手で揉み洗いです。

洗濯は、現代のようにほぼ毎日洗濯機で洗うというものではなく、クリーニングに出すような、季節の替わり目にまとめて洗う、というような感覚であったと思います。

〔静子の料理〕
来客用
手打ちそば
なます
味噌は仕込む
鮓《すし》
京菜漬け
奈良漬け
いいだこの
ごまあえ
干菓子
茶
玉子とじ
茶漬け
小豆《あずき》がゆ
かゆ
〔病人食〕

漬物作り

洗濯女

これは洗い張師の図。洗濯女のような職は古くからあったようだ。

(「人倫訓蒙図彙」より)

十三　二人姑時代の教育と静子の教養

◆女児の教育

武家の幼女は六歳になると手習いのお師匠さんへ弟子入りをするのが一般的です。女子の習うものは大体決まっていて、まず「いろは」を習い、次に「百人一首」「女今川」「女大学」「女庭訓《ていきん》」「女考経」というような本で、これらをまとめて「和論語」と言いました。

お師匠さんのお手本を娘たちが手習いし、時々清書を出して良ければ次へ進みます。平仮名ばかりですが、それは変体仮名であり、続け字でもあるので読みにくいものです。現代でも変体仮名を習わないと読めません。

当時一般的には女に学問をさせると縁が遠くなる（嫁ぎ先がない）といって厭がられたそうですが、日本では大正頃まではこの気風が残っていたと思います。

このような風潮ですので、当時女の子は平仮名で手紙のやりとりができれば充分とされていました。そして十二、三歳の少女になれば裁縫の師匠に稽古に行くというのが一般的です。

しかし例外もあり、本書に登場する日記の著者である婦人たちは、いずれも父が儒者や医者とあって、彼女たちの兄たちは早くから父や親族から学び始めており、そのような家庭環境で育ちました。自ずと学問好きであり、書物もあり、父にも学んだりして、和歌や漢詩などの教養を深め、楽しみでもあったようです。

◆二人姑時代の教育

手習い所においては女子用教科書として「女大学」他を用いますが、忍従の教えのような儒教の教えを、この時点で習得することになります。「男の子には玉を抱かせ、女の子には瓦を抱かせ」とその頃は言われていたそうです。女性はおのれを空《むな》しゅうして人に仕え、犠牲と服従の精神がいるので粗末に育てよという意味です。

武家の嫁は大変です。早婚時代なので一四、五歳で嫁いだ場合は三十代のお姑がいます。そして先代の五十代の姑と二人姑の家はよくあるそうですが、長生きの老母がいれば三人姑のことさえありました。

町家の娘と違い、気散じに物見遊山や遊芸や寺社参詣などに度々外出することもありません。武家の娘はただ働く一方で育てられた人たちが多いとのことです。また中士以上の武家の家には妾や妾腹の子も同居しています。二人姑がいて、妾たちとも同居というむずかしい家庭環境の中を、新妻は生きなくてはなりません。結婚というものを社会学者の川島武宣は「嫁という外来異分子を婚家の共同体に同化する」ものととらえています。

そうなのです。二十歳を過ぎれば、もう大人として自我や不満も出てくるのが自然です。当時女が一人では生きられず嫁ぐのが当たり前の時代、まだ個性を持つ前の子供の時に、従順になるように育て上げました。そのための教育でもあるのです。

婚家先からは外の人扱いで、実家にも戻れません。忍従に慣れておくことが、女性にとって最大の安全弁だったと言えます。

◆静子の教養・娯楽

「梅颸日記」の静子の話に戻ります。主婦の立場を離れて、自分の楽しみを見出した時間もあったはずです。静子はそれを謳歌できたようです。彼女は儒者の娘である影響か、幼い時から和歌や漢詩に親しみ、文芸好きであったようです。和歌、写本、読書、趣味、社交、物見遊山と文化活動を盛んにしています。

和歌の教養はかなり高く、夫春水（儒者）の漢詩の会を通して交友、交流がありました。夜十時頃帰宅することもありました。たとえば林氏の妻からの招待で歌を詠み、夜十時頃帰宅することもあります。また男性の仲間とも交流があり、春水の不在中にも仲間が五、六人来て漢詩の会を開いています。

静子が写本した書物は「詞林拾葉集」「新聞書」があり、春水の依頼で「松陰日記」も写しています。読書は「源氏物語」の注釈書などです。また娘が生まれる前の時期や、子育てが一段落した後は、手習いの師匠もしています。知人の娘に手習いを教えたのを初めとし、後には私塾の許可が藩から下りたようです。

彼女の趣味と言えるのが〝琴、酒と猫、煙草〟です。酒は七夕の夜に「夫君と酌」であったり、知人の訪問があると少々は嗜んだようです。動物は犬と猫を飼っていたようで、煙草は夫が嫌がったので禁止になりました。

静子の長期間の旅というのは、広島から大坂の実家まで、病気の父を見舞いに一カ月ほど帰った時くらいです。伴は三人で、長男久太郎と、下男の茂八と、女中のりさがつきそいました。また遊山としては、藩主の参勤交代の行列を見物しに行ったり、桜の花見や月見。そして寺社参詣や舟遊びもしていました。

茶の運びよう、煙草盆の出しよう（「倭百人一首小倉錦」文政 12 年刊より）

手習い（「女用文章初音錦」万延元年刊より）

武家の趣味、琴　　　　　　　　　お茶の出しよう（「女用千尋濱」文化 12 年より）

下谷稲荷明神の社

これは江戸の神社だが、各日記を見ても当時の楽しみ、娯楽は寺社参詣が一般的。詣でたり祈願だけでなく、門前の水茶屋や物売り、屋台なども楽しみだった。

（斎藤月岑３代「江戸名所図会五」より）

十四　下士婦人の暮らし――「柏崎日記」より

◆桑名藩　若夫婦の家

この日記は父と息子の交換日記です。天保十年（一八三九）桑名藩士渡辺平太夫の一家は、養子である勝之助の柏崎赴任によって、桑名と柏崎に分かれて暮らすことになりました。当時、勝之助夫婦には長男がありましたが、この長男は祖父母のもとで育てられることになり、桑名に残ります。

ですから赴任先の桑名には若夫婦だけで赴くことになりました。次々と子供が生まれ、この地では長女禄、次男真吾、次女鑰、三男行三郎の二男二女が育てられました。

［柏崎での勝之助家の家族の構成］
家族…夫婦2人、子供4人　（計6人）
奉公人…なし（臨時に子守り兼手伝い）
［総数・6人］

この分かれて住む父子の間では、日々の暮らしを伝え合うために日記が交換されました。父平太夫の手による「桑名日記」と、養子勝之助による「柏崎日記」で、ともに天保十年（一八三九）から嘉永元年（一八四八）までの十年間の記録です。

その内容は役所での勤務状況や藩士どうしの交際などの公のものから、衣料や食事のこと、家族での行事、近隣との親しい交流など公私ともに様々な事柄が綴られています。本書においてはその中でも特に出産から子育ての武家の若夫婦の様子や、近所の主婦の助力などを中心に見ていきたいと思います。

◆妻　菊の出産

赴任先の柏崎では、勝之助夫婦と子供のみの暮らしであり、夫はまだ若く禄も低いためか奉公人もいません。そのような中では夫も産前、産後には何かと協力して、助け合って暮らしています。

どの子の場合であっても妻菊は、産前まで糸引きや縫物などの日常の仕事を続けています。これは他の日記の主婦も同様で、「梅颸日記」の静子も出産の直前まで仕事をしていました。

菊は産気づいて初めて畳を上げ、産所を整えました。

破水を知らされて夫は大あわてでその用意をしています。

このお産の部分を説明しますと、現代では病院で産むのが大方なので、すべて施設が完備されていますが、江戸期にはもちろん自宅で出産します。それも畳の部屋で産むことになりますので、たとえば六畳の部屋であれば、その内二畳分ほどの畳を上げて、板の間にします。そこに蒲団かムシロを敷いて、破水や出産に備えます。

そして蒲団は背中側の背もたれ部分と、お尻の下に敷き、L字型に設置します。できれば天井から長い力綱の紐《ひも》を下げて、妊婦はそれにつかまりながら産みます。ですから現代の産婦は寝ている状態で産むのですが、江戸期には上体を起こし、座って〝座産〟で産みます。

菊はよほど直前まで仕事をしていたのか、破水が始まってしまいましたので、夫の勝之助はあわててこの普通の部屋を産所に変える支度をしています。

産にかかると取り上げ婆婆《ばば》やばばさ、叔母さといった近隣の年かさの女たちが来て、湯を沸かしたり産婦の介添えをするのでしょう、皆が集まって来ます。夫もその場におり、医者が必要な時にはその手配をします。産後は出産を喜ぶ見舞い客が翌日には大勢訪れるため、その産歓の客の応対にあたります。

今日の安心安全な出産と異なり、当時は死産が多く、母子ともに危険でした。この若夫婦においても末子、行三郎の時には難産で、菊の生命は危ぶまれ、医者が二人まで呼ばれました。幸いに近隣のかみさんたちの看護や世話を受け、また薬の効果もあり、ようやく危険は脱しましたが、勝之助の心配はいかばかりでしょう。心配と混乱におちいっています。

◆見舞い客

隣家を通じて産の様子が知れ渡ったために、翌日には歓見舞いに次々と大勢の人々が訪れて夕方まで続き、勝之助は「甚だ迷惑なれども仕方なし」とか「昨日の疲れの上に人あしらい大草臥致し候」とされています。

この勝之助夫婦の場合は、菊の出産は当日の内に近隣に知れ渡ることとなり、翌日には見舞い客が詰めかけています。この当日の内に知れ渡るのには、屋敷の並びの影響も強いかと思われます。下級武士であれば、組屋敷でなくともほぼ同格の者が集住して住んでいる地域と思われますので、隣近所伝いに一廻り伝えれば済んだことでしょう。これで職務上の同僚などへの伝達は済み、あとは親族と、後に記述する〝地域の主婦たちのチーム〟がお祝いに駆け付けたものと思われます。

懐妊　妊娠したのかどうかを、産婆が乳首などを見て診断しているところ（「女諸礼綾錦」より）

〔「柏崎日記」の勝之助家の構成〕

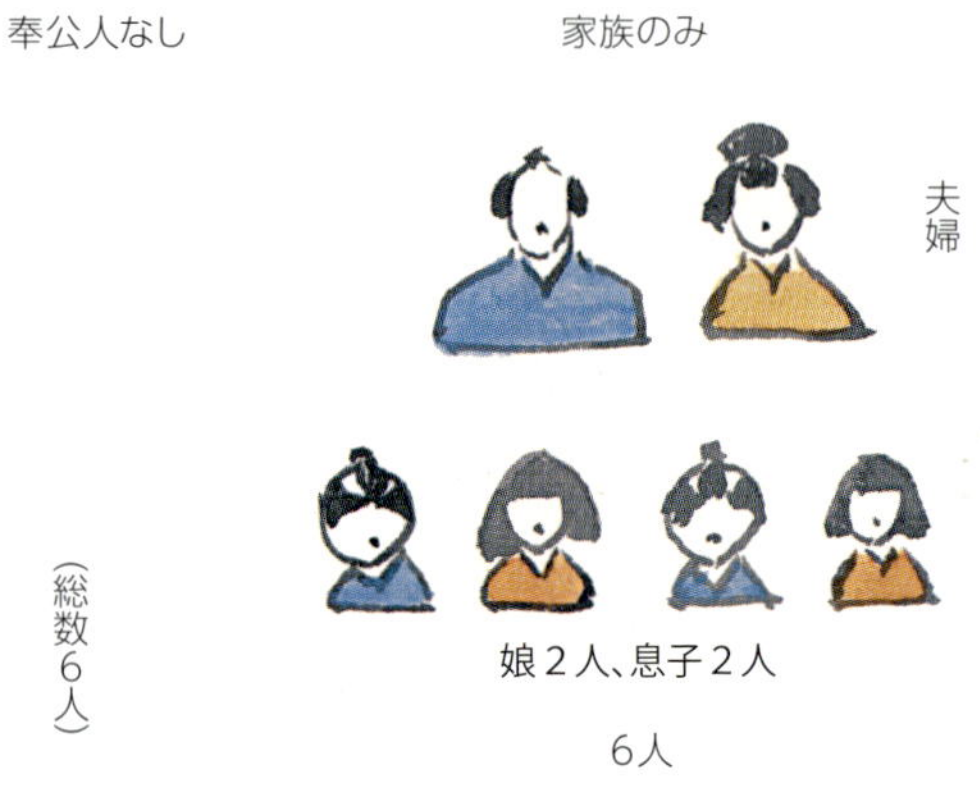

町家での出産・座産

元禄頃、上体を起こし力綱《つな》を用いての座産の様子。背には布団を重ねて背もたれとしている。着物形の夜着の下にはむしろが見える。

「柏崎日記」では夫が畳を上げて、板敷としている。

(「日本風俗史図録」より)

出産の祝い

出産後には親類が見舞ったり、魚や酒樽、小袖を初めとする祝いの品々が贈られた。(「女中風俗艶鑑」より)

◆産穢《さんえ》

出産当日には奉行所へ出生届けを出しますが、産穢のために父は出向かず、朋輩《ほうばい》が届けています。届けてから二日後、奉行所からの書面によって産穢御免となると、勝之助は着衣を改めて産歓の返礼に廻りました。

※（菊）この〝産穢〟というのは、日本人は昔から出血を穢《けが》れと見ていたので、出産も忌《い》みの対象とされてきました。古い時代においては別に産屋《うぶや》を建てるとか、納屋や物置で産むなど、別室において出産をしていましたが、江戸時代に入るとそうした極端な穢れの意識は薄れ、出産も母屋においてなされるようになってきました。

しかしこの日記によると、公の機関である役所において、産穢明けが書面で知らされるなど、まだ忌みの意識が根強かったようです。

◆床上

産婦の床上げまでは、近隣の女たちが交代で、産まれ児や産婦の世話や乳付《ちつ》け（江戸期になると、武家や富裕な商家では乳母を雇う風習が広まり、また最初の乳は他の女性のをふくませるという仕来たりもあり、その女性を乳付け親と呼ぶ）の世話をしてくれました。

また一時的に子守りを雇うこともありましたが、その間の妻の食べ物を作ったり、また妻に代わって日常の家事をこなしているのは夫の勝之助でした。

時には幼児を扱いかねて「困り入り候」と弱音をはきながらも、むつき（おしめ）の交換や子の食事の世話などもしています。

平成の最近では若い夫婦において育メンという言葉もあるように、積極的に育児に参加する男性もいます。そして現代の役所や地域では、若い夫に赤ちゃんの世話の指導を行っている所もあります。

ともかく江戸当時の妊婦は出産が終わっても、まだ横になることは許されませんでした。横になって寝ると「血があがる、あれる」と言い、血の病になるという俗信が根強かったのです。

上層の武家の婦人の場合は専用の椅子、一般には背の布団などに寄り掛かり、座った状態で六日から二、三週間を過ごしました。それが済む日が床上げとなります。

◆夫の育児と教育

夫の勝之助は子煩悩なのか、よく子供の世話をしています。彼は子が乳幼児の頃から抱いて寝て、夜も世話をして育てました。それから添い寝をしたり、髪を剃ります（赤ちゃんから三歳までの男女児は、ともに〝髪置き〟といって、坊主にする習慣があります）。そして入浴させたり、遊び相手となったり、遊山へ連れて行くなどをしており、大変親密に可愛がって育てています。

また子供の教育にも関心があり、子が幼い時には添い寝をしつつ昔語りをしたり、百人一首を諳んじさせたりして、知らず知らずの内に覚えるような教育が施されています。

そして本格的な学問の教育は、子供が幼児期を過ぎた頃から始められました。勝之助は勘定人ですが、学事も兼ねており、学識は深かったようです。これは親からの一方的な押し付けではなく、子の成長や素質、適性などを配慮した上でなされました。教材を選び、自ら手ほどきをしています　武家の男性は基本的に学識は高くなっています。六歳頃からの基礎的な学業を終えると、藩校や私塾に入り高等教育を受け、また随時試験もあります。その後にお城勤めなどの勤務につきます。

この渡辺家では長男は桑名の祖父母に預けられているため、子供は次男から末子までと暮らしています。父は特に次男の真吾に対しては教育熱心で、六歳で〝唐詩選〟の空読みを、七歳では〝大学〟の素読みを教えています。真吾は一人で復習を繰り返していたようで、父はうれしそうな筆で記しています。

また女児の禄には八歳から手習いを始めさせて、ほぼ一年経つと、仮名と数学を終えました。その後は弟の行三郎が生まれたので、禄は子守りにかかりきりとなり、手習いは中断となりましたが、禄は手習いよりも糸引きをしたがったので、その希望をくみました。

◆役所に泊まりに行く子供たち

子供たちは父の勤務中によく役所へ遊びに行っています。たとえば盗賊の吟味の調べがあった時には、大勢の見物人に混じって、吟味までのぞき見しています。そして帰宅後には父とやり取りをしています。

また母の出産や子供の病気、そして母自身の病気などの時には、年長の子が頻繁に役所に泊まりに来ており、宿直で泊まりの父とともに寝ることも多かったようです。

「（父は）七ツ頃（夕方一六時）泊まりに出る。お禄六ツ過ぎ（夕方一八時）に枕持手泊りにまいり暫くふとんあたためて先へ寝せる。四ツ過（夜二二時）手水やり（トイレへ同行）抱き寝る。今晩甚だ寒くしがみついてよく寝る。八ツ頃に（夜中の二時）また手水に起る。疱瘡後手水近くなり当番所にて不調法（おもらし）致そうかと甚だ心配也《なり》」

尾崎隼之助《はやのすけ》（通称・石城）が孫のおきぬと買物の様子（「石城日記」より）

友人奥山宅での酒宴、育児の様子（「石城日記」より）

教育書の「やしなひ草」は、父母への恩と感謝の大切さを教えている。（下河辺拾水「やしなひ草」天明４年より）

農村の産屋《うぶや》

農村では産穢のため産婦は家族とは別に生活。富裕な産婦は別に建てられた産屋《うぶや》で、農婦は物置などで暮らし、分娩後も忌明けまではここで生活した。（「三州奥郡風俗図絵」より）

◆妻の日常・着物作り

一家には次々と子が生まれ、常に乳幼児を育てる暮らしであり、妻の菊は多忙です。産後の一時期は近隣の助けもあり、子守りを兼ねた奉公人を雇うこともあります。では妻の日々の暮らしとはどのようなものでしょう。

特に時間を要するのは衣類で、家族の四季の着物はすべて菊が縫い上げます。限られた収入のため、子が増えて食費がかさむと、衣服の方で節約をすることになります。大人の着物をほどいて子供用の着物に縫い直したり、上の子の着物は下の子用に縫い直したりの縫物の仕事はきりがなく続いています。さらに子の七五三の節目の祝いや、お正月のための晴れ着の準備もあるために、菊は多忙を極めています。

それから近隣の妻たちと同様に、菊も縫物や機織りなどの内職をしていました。節約とともに収入も得て、増収を計っています。このような状態なので、家事は手伝いの少女に任せきりのこともありました。

◆子の病気と母親

江戸時代は子供の死亡率が高いことで知られていますが、陸奥国の懐妊書上げ帳他の資料によれば、江戸後期の出生時の20％以上が一歳未満で死亡しています。出生児一〇〇人の内、六歳を迎えることができたのは、五、六人のみでした。

そのせいか子供の成長を祝う儀礼は、子の誕生から七歳までに集中しており、たとえば誕生の一カ月後には〝宮参り〟、生後一〇〇日目の「食い初め」、現代では七五三と呼ばれている祝いがあります。

このように病気と死亡率が高い中、渡辺家での子と母親の様子を見てみましょう。当時の幼な子の病には、夜泣き、乳吐き、胎毒《たいどく》、流行病《はやりやまい》などがありました。同家では生後七カ月頃の次男真吾が胎毒にかかり、母の菊は真吾にかかりきりとなり、昼夜分かたぬ看病を続けます。

「真吾胎毒だんだん増え、左の目ぐるりより耳頭へかけ岩の様になり、甚だかゆがり両眼より涙出、首を苦しみもだへ、時々大だだおこし昼夜泣き声止む時なし。お菊懐へ入れ立ち通し飯を食べ候《そうろう》間も立て居り候位也。脇の者まで骨身をけづられるよう也」

菊はこの間、毒だちである〝塩断ち〟をしたり、鬼子母神の御札に祈りますが、悪化するばかりです。それゆえに菊は「六、七月以来髪に櫛の歯もいれず、かね（お歯黒）もつけず、真吾一色にかかり通し」となります。

夫の勝之助から見た妻の姿は「真吾手離れず、お菊の形見る影もなし。先第一着物えり、袖《そで》うみだらけ。帯より綿《わた》出（帯から中綿が出ている）、髪は気狂ひの様、歯真白（お歯黒がとれて歯が白に）。その上病み足に、腫れ足甚だ痛み、真吾扱い甚だ困り候」

と、いつものお菊の姿が様変わりするほどの惨状です。

◆五歳「袴着《はかまぎ》」の宴席の様子

現代にまで引き継がれている七五三の原型となっている江戸の幼少の儀式が三つあります。三歳の「髪置き」は男女児とも○歳から三歳までは髪を剃って坊主にしており、三歳で初めて髪を伸ばす儀式で、氏神へ詣でます。五歳は男児の「袴着」の祝いで、初めて袴を付けて宮参りをします。

このような成長儀礼の時には親族たちを招いて、祝いの膳を出して儀礼の宴を張り、物入りでもありました。祝宴は家で行われ、詳細は不明なものですが、渡辺家の日記には、どのくらいの人数を呼ぶものなのか、また料理を作る人々はどういう人か、などが記されていますので見てみます。

渡辺家では次男真吾の祝いが五歳の十一月十五日に行われました。この日、父の勝之助は役所から四ツ半（午前十一時）頃帰宅し、真吾の髪を結い、裃《かみしも》を着せて大窪諏訪宮に参詣しました。その留守中には、早朝から手伝いに来ている女たちや、訪れた子供客で、家は賑わっています。

渡辺家では「昼の宴」と「夜の宴」を持ちました。「昼の宴」はお宮の参詣から帰った後から始まります。この会にはお互いに祝いに呼び合っている家の子供八人が客となっていて、真吾は紋付きの着物の上に裃を付け、刀の大小をさしています。こちらは子供客の宴で、子たちは夕方には帰ります。

続いて晩の宴です。晩には大人客が集います。客は父の役所の同僚や近隣の男女、計十人ばかり揃います。そこへ手伝いや出入りの者も加わります。昼夜ともに献立の品数は多く、酒も入った宴となります。

子の成長の節目の祝いは、宴は二部に分けたり、子供の仲間や、親族、父の勤め先の同僚や、交際のある主な家の人々が招かれています。さらに加えて日頃から互助関係にある近隣の人々や、出入りの者といった家族と親しい人々も集います。それらの人たちは、陰で料理を作ったり、室内の、掛け軸など儀礼的飾り付け（室礼）も手伝ったりするのでしょう。一緒になって家族と共に祝ったようです。

友人奥山の出立準備

妻や男も着物作りやつくろいをしている様子（「石城日記」より）

お灸《きゅう》

最も一般的な病気治療はお灸であった。灸はよもぎの葉を干したもぐさを、体のツボに置いて火をつける。相当に熱いが熱刺激でよく効いた。　（下河辺拾水「やしなひ草」より）

袴着《はかまぎ》

左は武家、五歳の男児の儀式である「袴着《はかまぎ》」の様子。袴は武家の象徴であり、初めて袴を付けて宮参りをし、祝う。この絵では盃事をし、ごちそうを詰めたお重もある。

（「月次のあそび」より）

帯解《おびと》き

七歳の女児の成長儀礼に帯解きがある。それまでの子供用の紐《ひも》付きの着物から、紐を取り、初めて帯をしめる。同時に晴着を着て宮参りをし、内祝をした。

（「絵本女中風俗艶鏡」より）

◆出産の危険と、近隣のかか衆の助力

夫勝之助の赴任先である柏崎の区域の人々は、近隣とのおつきあいが濃密であり、特色ともなっています。たとえば幼な子がいる場合にはしょっちゅう連れ帰って世話をしてくれたり、長女の禄が小さい頃には向かいの家に可愛がられ、末子行三郎の時には隣家の世話になっています。夜には泊まってくることもあり、ある朝には「行三郎は大体真っ裸にて隣の叔母さの懐に入り、朝飯まではお隣で遊んで来る」ような日々を過ごしています。

このような近所づきあいの中、妻菊の出産の時には近所のかか衆の助力によって、一時危うく死にかかった菊の命が助かりました。特に経験豊富な年配の女たちの助力が大きく、産後の一時期には大変な助けとなっています。

たとえば行三郎の出産の時のこと、無事に出産した菊は赤児を抱いたりしていましたが、体調が急変し、耳鳴りなどが起こって眠り続けるうちに、異様な顔色となります。隣家に預けられていた禄が戻って母の顔色を見て、大声で泣き出したので、ただちに医者が呼ばれて投薬を受けても、菊は度々危険な状態に陥ります。

ちょうど正月であり、隣家に集まって年始の会食をしていた、加藤、手塚、渡辺、品川、栗本の五人の武家のかか衆が、その慌ただしい様子を聞き付け、どやどやと駆け付けて来て介抱し、だんだん落ち着き気味となりました。さらにもう一人医者が呼ばれて、二人して治療にあたったので菊は助かりました。

その後も女たちの助力は続きます。この日はその間ずっと介抱してくれた女衆が帰り、また隣の叔母さもあまりの驚きに癪《しゃく》が起こって帰り、夫は一人で途方に暮れていたところ、代わって隣のかみ様が伽《とぎ》に来てくれます。病人の側《そば》でめんどうをみてくれたり、泣き続ける産まれ児を夜中抱き通してくれました。

妻の菊はその後も産後の肥立ちが悪く、長期間床についたままの状態となりますが、その間には隣の叔母さや武家のかか衆がかわるがわる訪れて、産まれ児の世話や授乳、他家での貰い乳、上の子たちの世話など、母親の役割を果たしてくれました。

またどの出産においても三日目頃までは取り上げ婆の世話になりますが、その後お七夜頃までの間には、乳付《ちつ》け（最初の乳は他の女性のを含ませるという仕来たり）、子の入浴、乳貰い（母の乳がでなければ）、子守りと、近隣の女たちの助力は続きます。

そして彼女たちの助力は出産の時だけではありません。

〝看病や諸行事の手伝い、他家の法事や婚礼の手伝い〟など、地域のネットワークはフルに生かされています。当時、行事や儀式はすべて〝家〟で行いました。また日本の家屋は武家から農家までの家においては、部屋の境である襖をすべて取り払って（神が宿る床の間付きの）広い空間を作り、儀式用の座敷とし、セレモニー対応ができるような家作りをしていました。

その時の料理作りや座敷こしらえ（室礼）において、近隣の人々が交互に助け合う点を考えてみます。

中層以上の「祝言」というのは家督を相続する嫡男だけが披露のために挙げるものなので、各家庭での祝言は一回です（他の兄弟は養子か、厄介の場合は通常は結婚できず独身です）。そして亡くなる方は、一家で五人から七人ほどです。お互いに同じ状況下で助け合われたと思います。この柏崎の下級武士の層と地域においては、特にこの相互扶助が親密に行われていました。

都市の江戸や地方の城下町においては、武家はほぼ同格の人々が集住した地域に住んでいます。この環境があってこそ、役所での同僚同士、また彼らの妻女の交流も親しくなされて、地域のネットワーク作りができたのだと思います。彼らの心ある結びつきがすばらしく、またお互いに親密になる努力もしています。かか衆たちは、交互に一〇人くらいで、持ち回りで食事に招き会食を催していました。デメリットは会食の費用の負担が大きいことで、藩から品数を減らすよう注意を受けるほどでした。

◆江戸と現代の子育てと介護

現代でも子育てや介護という、一生において人の手助けが必要な時期が必ず誰にでもありますが、現代は核家族です。そこが江戸期と大変異なる点です。大家族であれば、子育ての時には姑の助言や助力があり、上の子供たちが赤児の子守りをしたり、少女は家事を手伝うことができました。しかし現代では夫婦のみの暮らしのため、保育所などの施設やホームヘルパーへ依頼するしかなく、結果としてお金で解決しています。江戸の介護の場合は、財産を相続する長男夫婦が両親のめんどうをみました。実際には跡継ぎの嫁や奉公人があたったと思われます。

現代では今後増え続ける老人と介護が社会問題となっています。今日では嫁が介護にあたることは叶わない場合が多く、年金では施設のホーム代が支払えない状況です。また核家族のため、独居老人の問題が噴出しており、区で見守りをしている地域もありますが、現代では地域での取り組みがやっと始まったばかりです。

友人奥山宅の豪華な酒宴　日頃からこのような家族ぐるみでのつきあいが頻繁にあるため、助け合いもできる。（「石城日記」より）

自宅の風景で、孫のおきぬの誕生日の祝い（「石城日記」より）

酒宴と縁側の風景

男同士のつきあいは頻繁にある。また友人たちは庭や縁側からも気軽に入ってくる。酒宴の際は縁で肴の干物を焼く絵もあり、縁側はさかんに使われている。（「石城日記」より）

龍源寺の花まつり

４月８日はお釈迦様の誕生を祝う「花まつり」の行事が行われるが、寺に地域の婦人たちが子連れで集まっている。（「石城日記」より）

十五　武家の奉公人

◆武家の下男

武家には主人の登城や外出の際には供をし、また屋敷内においては掃除や雑用をこなす、武家奉公人がいました（中間・小者・下男とも呼ぶ）。

江戸市中での奉公人の収入は低く、年に数両のため、妻帯できず独身の者が多いようですが、地方で下男頭の役割を任ぜられる者には、家族持ちもいます。

ここでは当主一家の家事の一部を担い、また住み込みのため年中当主の家族たちと暮らしている、男女の奉公人について見たいと思います。

◆下男の住居

武家屋敷には、母屋とは別に武家長屋を備えている家があります。〝武家長屋〟というのは、門の並びに塀を兼ねた、門の両脇の左右に一棟ずつ建つ長屋のことで、中は数部屋に仕切られていました（四二頁右下図参照）。

下男の住居は三通りほどあるようです。まず屋敷地の内にあり、母屋とは別棟の武家長屋に住むのが一つ。内部は藩によりまちまちで、一部屋のみの物から、六畳と四畳半の二部屋に台所と便所が付く場合や、三部屋あるいは四部屋を一世帯としている藩もあります。一世帯には小さい玄関と台所、便所が付き、暮らせる住居となっています。

これが母屋とは別棟の武家長屋を持つ場合です。

次の二つめは、当主が中士、下士いずれの場合でも、屋敷の内部に奉公人の部屋がある場合です。二二頁の「下女ヘヤ」がそうです。屋敷の中に〝供部屋《ともべや》〟と呼ばれる小部屋があります。

三つめは例外かもしれませんが、住み込みだったのに病気となり一度宿下《やどさ》がりし（やめる）、後に通いでやってくる場合などがありました。

◆下男と出入りの者の仕事

下男は当主が登城や外出の際の供をしますが、本書は暮らしを取り上げているので、生活面で日々の仕事としてはどのような仕事をしていたのかを見ていきます。

一　家事仕事の内、特に力を要する仕事をします。

◇春水家では屋敷内の掃除の大半を、当主の息子や塾生と分担して行っていました。そして夏と冬の大掃除の際には、主に下男を中心に、手伝い人たちがあたっています。
◇垣根の修復や、庭や庭石のことなど
◇漬物などの内、力がいる部分（漬物石を持ち上げたり、大根干しでは上に持ち上げる作業と推定）
◇米つき（当時は玄米だったので、米をついて精米にする必要があり、これは日常の仕事）
◇餅つき（正月や行事など）
◇雪国においては、住み込みの男の奉公人は一人ですが、下男頭である爺やは、頻繁におこる雪降ろしの際には出入りの者たちを招集し、「雪かき」の指示を出します。その他、わらをなって、むしろや米俵、当主一家や奉公人たちの雪靴を作ってくれます。
（「武士の娘」より）
二　主家の畑や菜園、花園の仕事
三　近隣への遣い
四　長旅のお供
◇当主や妻女の長旅のお供をします。「梅颸日記」では、主婦の静子の父が病のため広島から大坂の実家へ、1カ月間の長旅をしました。その時には長男と

下男の茂八、下女のりさが一緒に供を勤めています。

後期の奉公人は江戸市中では長年勤めず、出替わりが激しく、渡りの奉公人（勤め先の屋敷を頻繁に変わり、素行も悪い）が多く、悪い評判です。しかし地方の武家の妻女たちの日記においては、住み込みの下男は一人くらいで、長年勤めていて実直で誠実な人柄の者が多く、主人一家からの信頼も厚い人が多いようです。

そして、住み込みで常駐しているのは一人ですが、当時は日々の暮らしの中で〝臨時の手伝いの男女〟を雇う機会が多かったのです。たとえば冠婚葬祭、行事や通過儀礼（七五三や元服）。酒宴、祭りの準備などです。

現代ではホテルや貸し席で行われるこのような宴会は、江戸の当時は五〇名の大規模なものまで、すべて自邸の屋敷で行われるため、その規模により外部の臨時の人々を雇っていたようです。この人々を〝出入りの者（衆）〟と呼んでいて、彼らはいわば仕事があれば都合を付けて来てくれる、待機の派遣社員という風です。そして彼らの指揮をするのが、下男頭でした。当時はこういった出入りの者の需要が高かったと思われます。両者にとってメリットがあり、雇い主にとっては人件費が節約でき、雇われる側にとっても収入が入り良好でした。

〔徒《かち》組の御家人の屋敷〕

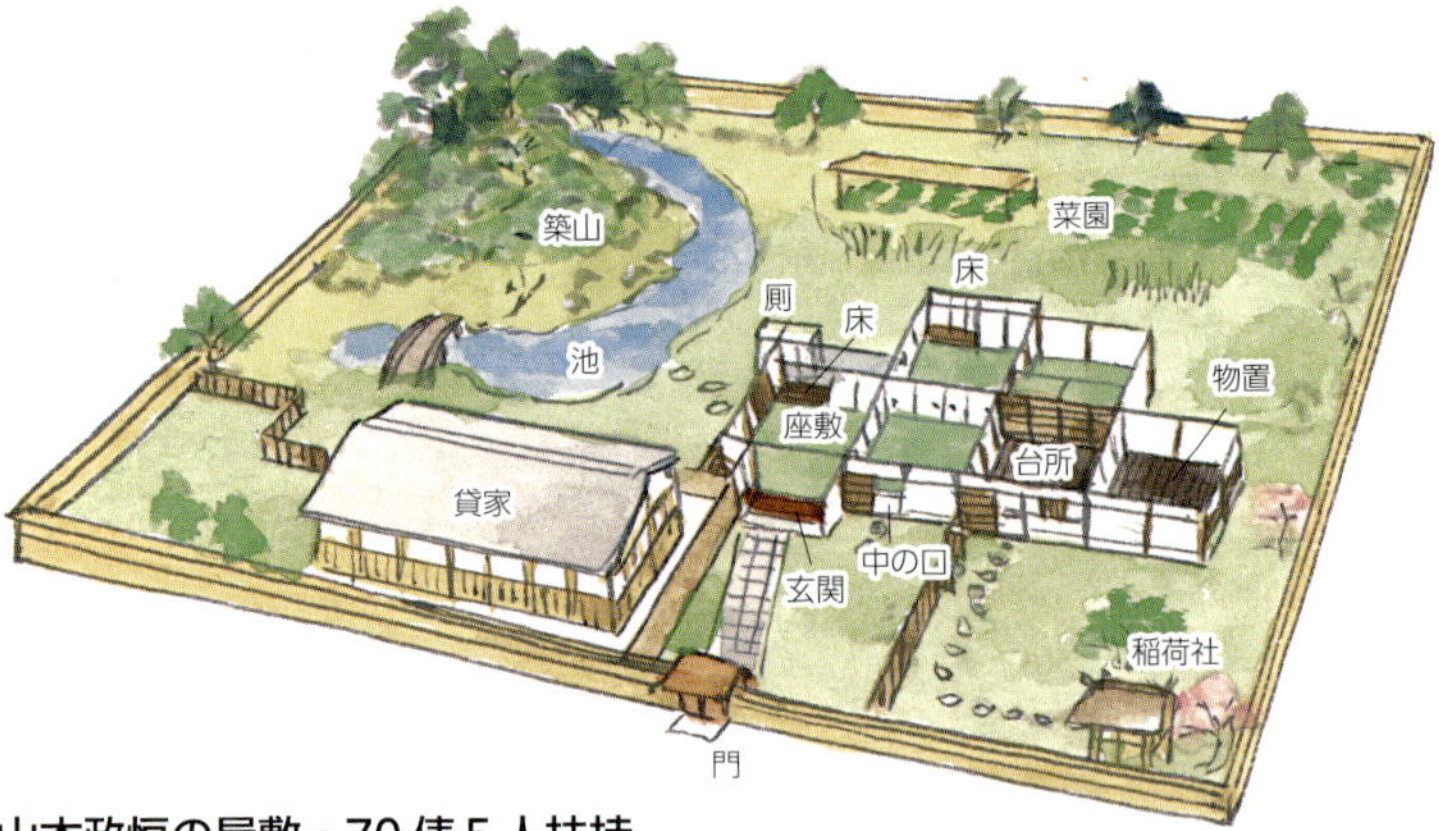

山本政恒の屋敷・70 俵 5 人扶持

（「大江戸侍入門」（洋泉社）より）

屋敷の坪数　約 200 坪

建坪　29 坪

地域　下谷（上野御徒町）

家族で年末の餅つき風景

隼之助（石城）はひとり身で、妹夫婦の家に身を寄せている。

（「石城日記」より）

武家奉公人
（「熙代勝覧《きだいしょうらん》」より）

中級武士の台所と男の奉公人の仕事

中級武士の平均的な台所は８畳から 12 畳くらいに土間が付く。土間の一角には漆喰《しっくい》の竈《かまど》があり、焚口は２～３つ。富裕な家では中間《ちゅうげん》・小者・下男と各々に役向きがあるが、内情が苦しい家では草履取り、槍持、馬の口取りなど中間の役と、台所や雑用など下男の役も兼ねて勤めた。

（『復元　江戸生活図鑑』より）

◆武家の女の奉公人

女の奉公人というのは、当主の妻女によって採用されます。ですから奥という私生活ゾーンの女主人である妻女が、その採否の権限を持っています。その統括者として公の責任者という立場には、当主が当たっています。

武家の女の奉公人は、男と違って何タイプかに分けられますので見てみましょう。

一　行儀見習い（武家奉公・奥女中）

これは奉公ではなく、嫁入り前の行儀見習い的な職種です。礼儀作法やお茶、お花を習ったりします。縁談があると宿下がりするため、居つくことはありません。

二　乳母《うば》

乳母には二種類あります。江戸時代に入ると、富裕層である武家や商家、豪農などでは、乳母を雇う風習が広まりました。こちらは教育係を兼ねる乳母で、子供が大人になっても共に暮らすことがあります。

これとは別に出産時に母の乳の出が少ないために〝臨時で雇われる乳母〟がいます。当時の出産は母子ともに命がけであり、死亡率も高いのです。「柏崎日記」の若妻菊も、危うく死にかけています。こんな時、産後も臥せっていたり体調も悪い母親に代わって、お乳をあげるために雇われます。その期間だけの採用です。

三　下女奉公

仕事の内容は水仕事や日々の食事作りです。水仕事は井戸から水を汲むことから始まり、洗濯や掃除がありまず。それから近所へのお遣いや、女主人や子供たちの外出のお供が挙げられます。

中士や下士の家の下女たちはまだ少女であり、嫁入り前が多いようです。近村などから奉公に来て、後期においては奉公人請状などにより、一年から数年を勤め上げ、実家に帰ってから嫁に行くという形です。つまり家事においては見習い者であり、まだ未熟です。「梅颸日記」の静子は下女に縫い方を教えたりしています。そしてそのまま奉公先に居つく人もいるでしょうが、嫁入ると、今度は近所であれば〝臨時雇い〟で来るようになります。

長岡藩の家老の娘である杉本鉞子著『武家の娘』には、この召使たちの様子があります。彼女たちが作業や夜なべをする広い部屋は、半分は土間で半分は囲炉裏がある板敷になっており、そこにはムシロが敷いてあります。召使たちはここで糸車を回し、石臼を挽いたり、御仏前へ供えるお団子の粉用に米を挽きます。また着物の古裂で雑巾をさしたり、冬の夜長には鉞子にお話もしてくれます。そこでは笑い声やお喋りの声が混じり合って、仕事場特有のざわめきに満ちていました。

四　子守り
　十歳から十二歳頃の少女で自分も子供です。

五　臨時雇い

◆奉公人の事情

　下男、下女の人数は、一人と明記されていても、出替《でがわ》り（一年や半期の契約）で代わったり、また奉公人自身も大人になったり病気になったりします。地方の下女は数年働いて年季明けで実家に帰ったりしますので、この一名は常に変化が伴います。

　また前述の静子がお産で娘を産んだ後には、下女が二人に増員されています。その時の主家の家族の状況によっても左右されます。たとえばお産、病人、息子に嫁が来たり、介護の手が必要になったりで、住み込み、あるいは臨時の奉公人は増減されたようです。

◆臨時雇いには家事熟練者

　〝臨時雇いの手伝い女〟というのは、現代のパートではなく、逆に〝家事に熟練〟していて、主婦の仕事を代替できる人が多そうです。既婚なので住み込みはできませんが、必要に応じて通いで雇用されたり、結婚のため宿下がりした下女が活用されています。

　ですから家事や、地方では機織り、洗濯などに関しては技能者で、静子が何かというと粂を起用し頼りにしているのは、他の洗濯女よりも上手なせいもあります。

　また、ある屋敷で働いた〝元下女たち〟は、当家での祝儀、不祝儀における儀礼の料理作りや、座敷の室礼、膳部の設定、床の間の掛け軸や器選びなど、準備から始まり、当日は後片付けまで行うでしょう。このような儀式の集まりは、当時は家で催されました。

　儀礼にはそれに伴う決まりごとが多く、懐石料理のようなコース料理や、四季による器選びの際には、その器は蔵に入っているのか、納戸なのか、台所の大きな食器棚の中なのかなど、勝手を知っている方が手早いのです。

　現代では宴席がある場合、すべて貸し席に委ねているため、儀礼の知識もいらず、コース料理のすべてを主婦たちが作れなくても済みます。ですから昔の特に年配の主婦たちは、家事の職人のような技を皆持っているわけですから、尊敬されるのは当たり前のような気がします。

　なお、臨時雇いには、元の奉公人や近隣のかか衆のような、当家の流儀や勝手の配置がわかっている者、また見ず知らずの者よりも信頼している者たちを頼む方が自然だったことでしょう。

魚をさばく料理人

人生最大の儀式　大家の婚礼の台所の様子

武家や上層の家にとっては家同士の儀式であり、礼儀や規定が多いため失礼がないよう指南書も出版された。「祝言献立八種々」には「式法に慣れた人に訊ねるべきだ」とあり、細心の注意が払われた。この絵は上層の商家の台所と思われる。　（「絵本婚礼道しるべ」より）

十六　武家婦人の暮らし――まとめ（一）

◆武家婦人の第一のつとめ

幕府の管轄下、武家の奥さまとなった時に第一のつとめは何かというと、〇〇家を継承していくために、跡取りの息子を産むことです。女児ではだめでした。その家の元々の家禄や家臣を次の世代へ繋《つな》ぐためには実子の男子が理想的で、養子の場合には幕府から家格や家禄を急激に落とされたりしました。

家族としてはせめて現状維持を願うため、舅姑や家臣団からの圧力は、長男ができない嫁にとっては重圧になります。また上層の家ほど家庭は複雑です。中士以上でないと経済的に妾は持てませんが、子をもうけるという名目で妾を置く場合、別宅に囲ってはいけないという決まりがあり、同居になります。後に妾と妾腹の子と自分の立場という問題がありました。

◆奉公人との同居生活

武家は身分や禄高により、登城や外出の際には必ず供を数名付ける規定がありました。上士はもちろんのこと、下級武士でさえ供を必要としますので、ほとんどの武士の家は、奉公人との同居生活を一生送ることになります。

ですから中級武士の家族七、八名プラス奉公人（書生二人、下男二、三人、下女一、二人）で総勢十三～十五人ほどの大家族になります。

当時は家父長のいる大家族でしたので、舅姑、当主夫婦、子が四、五人。そして家族というのは定数ではくくれません。両親は亡くなり、息子には嫁が来て、娘二人は嫁ぎ、若夫婦には子が生まれるというように、年月と共に変わってゆくものです。

また奉公人においても、江戸市中の中間《ちゅうげん》（奉公人）は出替わりが激しく、一方地方の下男は当主の信頼も厚く長年下男頭として勤める場合も多いようです。また女中たちは少女から奉公に入り（家事は未熟者）、年季明けや嫁入りで退職、既婚後は〝臨時雇い（パート）〟に変えて働く場合もあるし、事情により長年居付く女性もいます。

それから奉公人を持つには、たとえば六、七人の生活費（当時は現金ではないが衣食住は付ける）を当主側は工面しなければならず、中期以降武家の経済は逼迫してゆくので、貧をかこつことになります。

そして自分一人や夫婦は二人分の扶持しか貰えない最下級武士や、若くて出仕初めでありまだ低収入の頃には、奉公人は持てませんでした。

いずれにせよ、この一つの大きな所帯は、当主一家にとっても、奉公人たちにとっても、成長や生きることに関わる大きな意味を持っていました。

◆武家の屋敷

武家の中上層の屋敷は、現代の住宅よりも圧倒的に広大です。各藩の江戸藩邸の大きさは、加賀藩の上屋敷は現在は、東京大学の敷地。また信濃高遠藩内藤家の下屋敷は、現在は、新宿御苑です。

一方、下級武士の一家屋や武家長屋・足軽長屋であっても、最低でも2DKから4DKの部屋があり、玄関、台所、便所（一部湯殿付き）の住居となっています。

武家の身分別に住居を作るのは、将軍家の幕臣なら幕府、地方の陪臣なら藩の方で、身分により屋敷の広さや間取りに差を付けて、普請方《ふしんかた》などが作ります。同家格なら似たような間取りとなり、武士は家賃は払わずに住居を借りている状態です（最上層の大藩は別で、土地だけ拝領します）。

武士においては、たとえば先祖代々の御徒歩衆を一生あるいは後継も代々引き継ぐ家があります。一方、若い頃からどんどん出世をする人、あるいは降格も頻繁にあり、その都度ではなくとも、大きな変更のある場合には、住居も変えられました。天保改革の水野忠邦が罷免された時に水野が屋敷を引き払い、他の屋敷に移る例が代表的であり、また一般の武士においても、蟄居や禄を召し上げられて、二部屋しかない家に変更させられたりしています。

◆集住とネットワーク

武家は〝同格で集住〟するような町割りがとられています。そして下級武士は組屋敷と呼ばれる、道を挟んで両側に似たような屋敷がずらりと並んで配置された地域にも住みました。

これらの集合居住区は城下町などに顕著です。江戸の当時は職住が一緒であり、それは点ではなく面で広がっていました。この男たちの社会は、婦人の生活にも影響を与えています。結果として地域のネットワークを作りやすく、武家婦人たちの相互に助け合う親密な関係を築き上げた地域もあるようです。

〔礼法の中で暮らす武家の人々〕

膳のすえよう

小笠原諸礼　配膳の事　（「倭百人一首小倉錦」より）

三方

酒盃のやりとり　改まった宴席では酌人が三方にのせて酒盃を取り次ぐ。貴人から三方にのせた酒盃がまわってきた時は、盃を持ち下座に退いていただき、盃は酌人が受け取り三方に返した。

（「小笠原諸礼大全」より）

手洗《ちょうず》をつかう　客が厠《かわや》のあと手洗を使う時の一例。客が角盥《つのだらい》で手を洗ったら、扇に手拭をのせて出した。（「小笠原諸礼大全」より）

女の功　糸くり、裁縫、洗濯

功を説く女子用教科書の頁。衣料に関するもので、右は糸くり、真中は裁縫、左は洗濯をするところ。当時の女性たちと縫いものの重要性を示す。
（「女論語躾宝」弘化４年より）

十七　武家婦人の暮らし――まとめ（二）

武家の主婦の仕事

現代と江戸時代では時代の差がありすぎ、家事の中の料理の重要度が逆転したり、儀礼における昔と今の生活様式が変化していて、現代から江戸の人々の家事を見たら驚くことばかりです。家事は全般的に主婦の主導下で、補助的に人を使って行われていました。

◆着物作り

本書の資料は地方の藩における武家婦人の日記なので、江戸や京など三都を除きます。都市の武家婦人は裁縫はしますが、機織りは住居が狭いのでしないと思われます。

さて、地方における武家婦人の仕事の第一は着物作りです。機織りや着物作りには、一番多くの時間が割かれました。

〈着物作り〉

1　家族の四季別の着物を縫う（家族の単・袷・綿入れ）

2　機織《はたお》り

家族の着物を作るには、まず布地としての反物作りから始める必要があり、武家婦人たちは中級、下級に関わらず、皆機を織りました。それは自分の仕事と自覚していたようであり、食事作りよりも優先されたようです。

3　珍機《ちんばた》

その技術力を生かして、賃機といって機織りで収入も得ていました。地方の武家の主婦、娘は機が織れました。

4　奉公人の仕着せを人数分縫う

これは給料の代わりのようなものであり、夏のお盆と暮れには新しい着物を一枚ずつ支給しました。古い着物を渡す場合もあります。

◆食事・料理

〈食事〉

機織りや着物作りには時間を要するため、日々の食事作りは女中に任せることも多いようです。しかし江戸当時の三食はご飯と味噌汁に漬物のみであり、おかず付きは1食ほどなので、手間はかかりません。

〈主婦の料理の腕前は来客や特別料理に発揮〉

主婦は客人の場合には、酒肴のごちそうを作ったり、主婦自身による手製そば、鮓《す》し（魚の漬物）などを作ったようです。味噌や漬物は主婦が仕込みます。

また冠婚葬祭や儀礼、行事など人を招く場合は、当時は家で行われました。このような時は主婦が臨時雇いの女たちを指揮して、懐石料理などの特別料理を出します。富裕であれば一部仕出しをとったり、家に料理人を呼んだりしました。

〈洗濯〉

毎回の下着類の洗濯は、下女《げじょ》（女中には階級があり、下女というのは、主に水仕事と飯炊きをする）が行いました。江戸城の大奥でも、水仕事は端下《はした》と呼ばれる一番下の階級の女中がします。江戸市中の商家においては、下女が行いました。

外出着である一般の着物は、季節ごとの衣更《ころもが》えには冬の綿入れから給、夏には単物に変えるため、この時に洗濯をしたようです。着物の洗濯はいちいちほどいて洗います。布片にして洗ったら干した後、また縫って元の形に縫い直すため、手間がかかり、これは季節の変わり目に行いました。臨時の洗濯女を雇い、まとめて洗濯物の着物を出す家もありました。浴衣ほか、手軽な着物のみ、ほどかずにそのまま手洗いをしたと思われます。

〈掃除〉

奉公人のいる家では、掃除は男を中心に女と分担して行っている場合もありますが、各家により、異なりそうです。

◆武家女性の教育・娯楽

武家女性の女児は、六歳頃から手習いを始めます。そして十一、十二歳頃から十五歳頃までの少女期には、嫁入り準備である〝裁縫〟を師について習い始め、十六歳頃には嫁ぎました。本書の日記の作者たちは学者の娘などであり、一般より教養が高く、幼少より父から男児と同様に漢詩などを習い、これは稀な人たちです。

お茶、お花は床の間と儀礼があるため、嗜みとして身につけていたと思われます。日記によれば、武家女性は寺社参詣と親族の儀礼の他は、一般にはめったに外出しないそうです。そして中下級武士婦人においては、まじめで働く一方であったようです。また娯楽は参詣や歌の会、月見などの行事、桜の花見、摘み草、食事会などです。

地方では機織りや賃機《ちんばた》も仕事

（「石城日記」より）

武家の女たちは家族や奉公人たちの分を含めて、着物作りが主要な仕事となっている。

下級武士宅の
煤払い後の夕食
（「石城日記」より）

武士の台所　中下級武士の家では、妻女は女の奉公人たちを管理するか、または直接台所仕事をした。この絵は中級以上の家で、右の妻は打掛を着ており、真中の女中は真魚箸《まなばし》を使い礼式にかなった調理法を心得ている。大家《たいけ》の台所の流しは竹で、下はそのまま下水となっている。　（「女諸礼綾錦」より）

下級武士宅・隼之助（石城）が妹とちらし寿しを作っている。
（「石城日記」より）

三　商家の妻

一　商家

江戸の商いは大きく三つに分かれています。その三つとは、大店と中・小店と棒手ふりです。

1　大店《おおだな》

大店は日本橋などの大きな目抜き通りに白壁の土蔵作り、瓦葺《かわらぶき》の屋根などで二階建ての店舗を構えています。大きな資本が必要となるため、本店は京都にあり江戸に支店を出している店と、江戸に本店があり、主家も住んでいる場合があります。扱う商品は米、塩、醤油、油、呉服、小間物、書籍などです。直接産地へ行って仕入れる資力や販売ルートもあり、奉公人の数も多く、一店舗で百人を超える時期もあります。

家作りの構成においては、店舗は店先である表にあり、家の奥は主家の私生活ゾーンであり、分かれています。この私生活部分に庭や蔵があります。京都に本店があり江戸は支店の場合には、主家は京都に住んでおり、江戸には奉公人だけとなります。

大店の場合、店の正規の従業員である丁稚、手代など男の奉公人は、主家の奥へは入れません。また逆に、主家の女性たちも店への出入りは禁じられていました。この他に下男や下女がいました。

2　中・小店

庶民が住む町内の表通りや裏通りには、二階建ての店舗兼住居の長屋が建っています。一棟を二〜五件で割ると、間口は4〜8メートルの中店や小店となり、小規模ながら個性的な店が揃います。扱う品目は江戸庶民の生活を支える食品や日用品が主になります。八百屋、魚屋、乾物屋、たきぎ屋、絵草紙屋《えぞうしや》などです。

小店の住居は一階には店を含む二部屋、二階は私室二部屋で計四部屋（４ＤＫ）などであり、この小規模さゆえに家内労働となります。夫婦二人と奉公人は一人か二人ほどですが、大店と異なり、小店の場合には女房や娘は共働きとなり、また店と奥とは一体です。

3　棒手《ぼて》ふり

江戸の最小の商いがこの棒手ふりです。店を持たず、食物や日用品、生活必需品を天秤棒で担いで、路地裏の長屋にやって来ました。

〈商家の相続は能力主義〉

武家の継承は男子が義務づけられていましたが、商家の場合にはそうとも限りません。商家が守るべきものは「店」の繁栄と永続です。実子が皆、優れた経営手腕を持つわけではなく、実子が早世する場合もあるため、そのような時には親族なり、能力の高い男子を娘の婿《むこ》養子として迎えることが多かったのです。娘の方は「家付き娘」であり、嫁《とつ》ぐのとは違ったニュアンスになります。

◆初代の妻と後の妻の役割

大店の三井家にみられるように、商いの祖である高利の母珠法《しゅほう》は、遊び暮らす夫の代わりに独りで商いをしました。店頭で奉公人を指揮し、商売上手で数字に強いこともあり商売は成功し、息子へと引き継がれていきます。

しかし三井家の経営が巨大化し、豪商と呼ばれる頃には、経営を担当する店と、その代表者であり財産を相続していく家とが分離していくのが通例です。この後代の妻は夫の片腕として店を支える必要がなくなります。

商家においてまだ小店であった創業時の妻の役割と、後代になって豪商になった後の妻の役割は変わってゆきます。後代の妻は冠婚葬祭に関わる家同士の交際を主として、社交、娯楽、物見遊山などが大変多くなっていきました。

◆商家の住み込みと家族構成

商家では住み込みの従業員を抱えて共同生活を送るため、その一家は規模にもよりますが、五人から四〇人など、大所帯となります。当時は大店も小店も食住一緒でした。正社員である奉公人は十歳頃より丁稚として入り手代になり、一人前となる三十歳頃から、大店であれば三十八歳頃までは、結婚はできませんでした。店に通いとなった時に結婚できるのです。

商家の奉公人は最初の十代は無給であり、手代になると給与が出ます。一方、主人側では衣食住は提供し、主家の主婦は衣料の〝お仕着せ〟を、夏と冬の年二回支給するため、奉公人の人数分を縫って準備します。商家は家族と奉公人でプライバシーのない生活となります。

〔江戸表通りからの路地に面して建つ商家〕

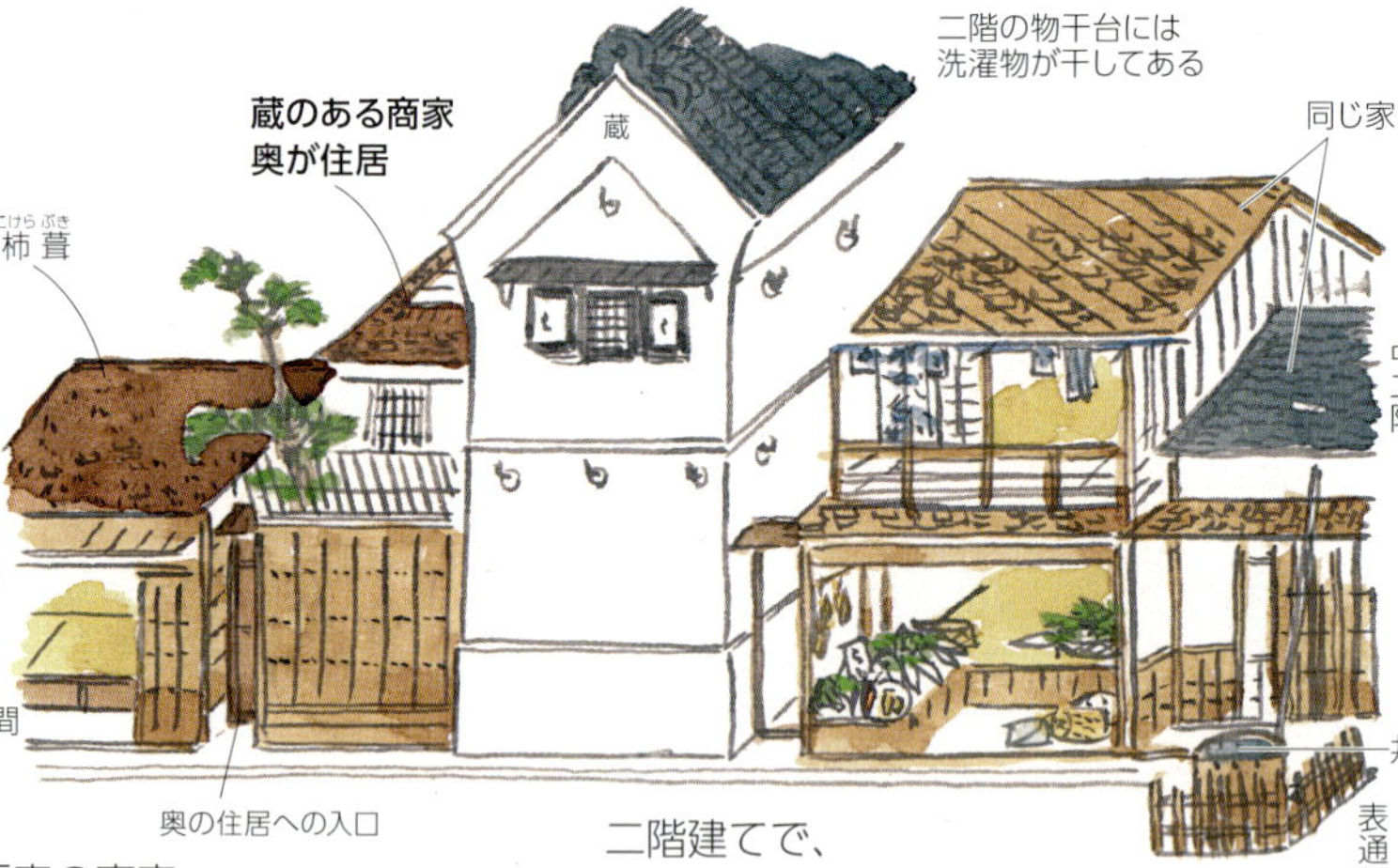

平家の商家

二階建てで、
一階は八百屋、二階が住居

(『守貞謾稿』より)

大伝馬町の商家

(「江戸名所図会」より)

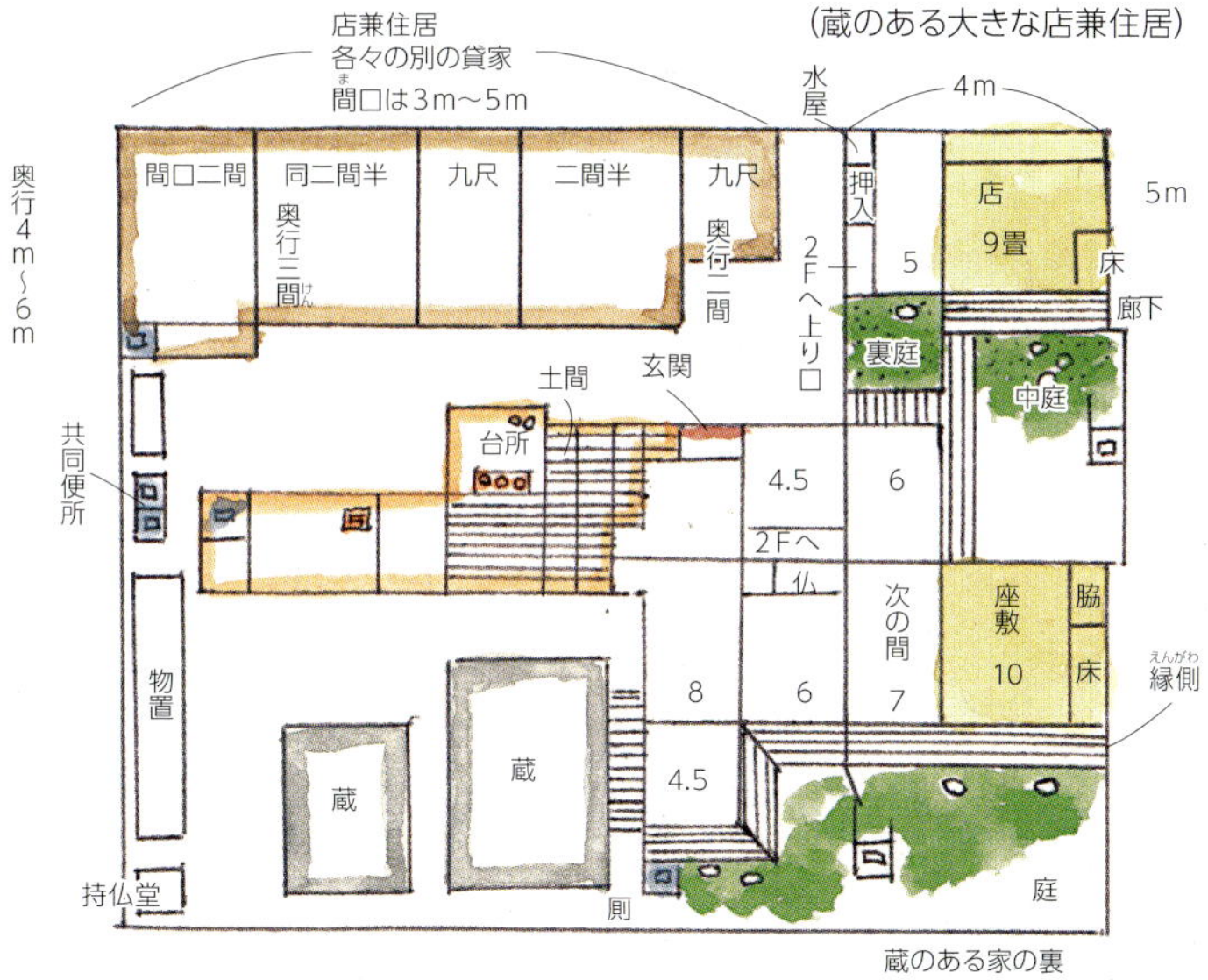

〔江戸の町　一区画の構成〕（太田博太郎『図説日本住宅史』より）

商家で掃除をしている男の奉公人たち　（『世間旦那気質』安永より）

二　豪商の妻

◆京都の富豪、那波家の娘　柏原りよ

商家の規模が様々にある中で、豪商の妻とはどのような生涯や暮らしを送るのか、見ていきたいと思います。

りよの生家の那波家は、江戸初期前半に大名貸しや金融業で大きな富を築き、京都で一、二番の富豪となっています。「町人考見録」にその名が見えるほどの豪奢を誇りましたが、五代目となった頃は身上も薄くなっており、この五代目の末娘がりよです。

さて富豪の子女たちはどのような生涯かといいますと、四代目松斉の長男は跡を継ぎますが、他の兄弟の多くは養子となり、僧侶が一人です。女子は長女が大坂に嫁した他は、那波一族に嫁ぎました。那波本家五代目祐英には一男五女の六人の子がありましたが（内三人は早世、死亡率が高い）、りよが七歳の時に父は亡くなり、叔父が養育にあたったようです。姪の婚礼の際には人眼を驚かすばかりの豪華な婚礼道具を誂えて、柏原家に持参させました。

りよの嫁ぎ先である柏原家は、京都に本店を置き江戸に出店を持つ〝木綿問屋〟です。彼女はその柏屋の四代目光忠の妻となりました。夫は二十七から三十三歳頃の男盛りであり、妻とは十五歳の年の差がありました。

中期の享保四年（一七一九）、夫は柏屋四代目の当主となり、二十七歳のりよは当主夫人となりましたが、息子は三歳で病死、夫も亡くなります。夫が没したあとは、りよの実家の親族の中から養子正覚を迎え、彼を支えて、豪商の妻としては珍しく経営者として全般を見た女性です。当時は公的な書類には男性が署名するのが普通ですが、経営全般に関わる定法帳に、三〇歳近くの当主と並んで養母が列記されており、大変稀だそうです。

生家那波家の姻戚関係に転じると、那波同族内での嫁ぎ先が多く、養子も同族内から迎えています。その姻戚は釘抜三井家、藤村家や袋屋、和久屋などであり、京都における豪商と縁組していましたが、新たに柏原家が加わりました。

◆りよの婚礼道具

当時の上層町家では十三歳くらいで嫁ぐ例が多いため、

この頃に嫁入りしたようです。彼女の豪華な婚礼道具は、格調高い大名家の婚礼道具にならったものであり、「栄長（りよの後の名前）公婚礼道具」として現在も残されています。お道具は黒漆に金を置いた蒔絵《まきえ》を施し、すべて定紋入りであり、書棚・厨子棚《ずしだな》・黒棚の三棚、そして化粧関係と続きます。現存するのは一部のようですが、当時の豪商の婚礼道具は驚愕に価するほどすごいものです。以下、「結婚の歴史」所収の「当世民用婚礼仕用罌《け》粟《し》袋」から婚礼道具をご紹介します。

〈衣装〉

儀礼用の衣類としては、地色が白、紅、黒の上質な絹の着物（小袖）で、豪華な模様入り。儀礼の時は着物を二枚重ねて着るため、その内着としての着物は白無垢《しろむく》、黄無垢《きむく》の二色。他に夏用としては上質な麻地の帷子《かたびら》にも、同様の外着の三色や内着を拵《こしら》えました。

この他に外出着や日常の着物として袷《あわせ》類、単物《ひとえ》（春夏用の一枚着）、帯、浴衣《ゆかた》、肌着、被衣《かづき》、湯具。

夜具《やぐ》（掛布団）、枕、足袋、蚊帳《かや》、寝ござ、腰帯、布の帽子、綿《わた》帽子、脚絆《きゃはん》、手拭、木綿合羽《かっぱ》、駕籠布団《かごふとん》、おひえ（麻の綿《わた》入れ着物）、紅葉袋《もみじぶくろ》（入浴の際の紅色の糠袋《ぬかぶくろ》）など。

〈道具類〉

御厨子《みずし》（調度・書籍などを載せる置き戸棚）、
黒棚（化粧道具などを置く黒塗りの三階棚）、
屏風《びょうぶ》、箪笥《たんす》、長持ち、衣桁《いこう》（着物を掛ける物）、
帯箱、葛籠《つづら》（衣服を入れる物）、貝桶、荷桶、
行器《ほかい》（食物を入れて持ち運ぶ円筒形の容器）、
挟箱《はさみばこ》（着替えを入れ、供に担がせた）。

〈手道具類〉

琴、三味線、硯箱《すずりばこ》、料紙《りょうし》、針差《はりさし》、張箱、
雛《ひな》、櫛、櫛箱、鏡、鏡立て（鏡台）、
鉄漿一色《かねいっしき》（お歯黒道具）、毛抜き、鋏《はさみ》、爪切り、
文箱、剃刀《かみそり》箱、手箱、手葛籠《つづら》、帛紗《ふくさ》（絹布）、
倚懸《よりかかり》（脇息《きょうそく》の類）、乱箱《みだればこ》、小人形、犬張子《いぬはりこ》、
火熨斗《ひのし》（アイロン）、魚赤《ママ》、かき板（裁縫の裁ち板）、
角盥《つのだらい》（手洗いやお歯黒用）、
守刀《まもりがたな》、水引き、熨斗《のし》、絹糸、苧桶《おおけ》（麻糸入れ）、
簁《しんし》（洗濯の伸子張《しんこば》り用の串）、絹張、木綿糸、刻《きざ》み煙草、
お伽婢子《とぎぼうこ》（子のお守り）、団扇、扇子、
常器碗、膳（日常用の器や碗）、箸《はし》。

木綿問屋柏原家
江戸本町四丁目で木綿問屋を営む柏原家は、京都に本店を持ち、屋号は柏屋。

柏原家（京の本店）　丸に柏ののれんの奥の階段を上ると、主人の専用部屋がある。部屋数36、盛時には30～40人の奉公人がいた。

武家や富商の上層の嫁入り道具

左端の床の間飾りに続いて、花嫁の嫁入り道具が飾られている。左から貝桶《かいおけ》が二つ。御厨子黒棚《みずしくろだな》が二つ（左棚には香やお歯黒道具、右棚には書物や文庫など）。衣桁《いこう》には四季別の礼服・外出着・日常着の衣装が飾られている。

（「当世民用婚礼仕用罌粟袋」より）

鏡台と白粉《おしろい》箱

双六《すごろく》盤（昔の双六はこの形）

貝合わせと貝桶

源氏物語と花鳥風月の絵が描かれた地貝と出

360 個ずつが、桶に納められている。

柏原りよの婚礼道具より

京の豪商那波家から柏原家に嫁いだりよが持参したもので、他にも香道具や脇息など、元禄文化が窺える 62 点の婚礼道具が現在も残されている。

〈客の具〉

茶碗、茶台、盃《さかずき》、盃台、食籠《じきろう》（漆の容器で、食物の贈り物に）、提重《さげじゅう》（手にさげる重箱）、酣鍋《かんなべ》、小重箱、枕箱、菓子盆、火鉢、火箸《ひばし》、手拭《てぬぐい》掛け、煙草《たばこ》盆、下げ煙草盆、煙管《きせる》、双六盤《すごろくばん》、香道具、文台、見台《けんだい》（書見台）。

〈本類〉

「百人一首」「伊勢物語」「徒然草《つれづれぐさ》」「二十一代和歌集」「万葉集」「栄花物語」

女四書、草子類、歌かるた、貝合せ、他。

〈紙類〉

色紙《しきし》、短冊《たんざく》、薄様《うすよう》（薄い雁皮紙《がんぴし》）、延紙《のべがみ》（上質の鼻紙）、杉原（紙）、半紙、奉書紙《ほうしょし》、美濃紙《みのがみ》、丈長《たけなが》（白い髪飾り）、巻紙。

〈荒道具〉

提灯《ちょうちん》、手盥《てたらい》、湯つぎ、菅笠《すげがさ》、傘、乗り物（輿《こし》）、雪駄《せった》、草履《ぞうり》、足駄《あしだ》。

〈嫁ぐ時の懐中の品〉

匂い袋、鼻紙袋、楊枝さし、元結《もとゆい》鏡、印籠《いんろう》、香包。


婚礼道具に関しては、現代の新婚であれば大きな道具を買い揃え、あとは追い追い足してゆくのが通常ですが、江戸時代の基本的な考え方は違うようです。それは衣装の項目でわかり、儀礼用の晴着は冬夏用で各三色で揃え、外出、日常用の着物から浴衣まで、冠婚葬祭と四季の装い全てとなると、どうも一生分の着物らしいのです。

先方に自分の生活費を負担させないように配慮して、道具を揃えたものと思われます。

なお、婚礼道具というのは妻の財産であり、婚礼の時には目録を持参し、離縁の際には生家へ持ち帰るものでした。

◆社交と遊芸の暮らし

さて豪商の妻たちの行動として特筆すべきは、社交、交際、遊芸、芝居、衣装比べ、物見遊山など様々な娯楽を享受していたことです。それは小泉和子著『道具と暮らしの江戸時代』にも述べられているように、道具から見ると、上層町人と一般庶民の階層差が最も大きいのは〝供膳具《きょうぜんぐ》〟です。上層階級では大変多くの供膳具を持っていました。それは外での行楽や室内での宴会用の品々であり、人寄せや贈答つまり交際に用いられる品々です。

たとえば、
宴会用…朱漆蝶脚膳《しゅうるしちょうあしぜん》、宗和黒溜塗膳《そうわくろためぬりぜん》、大皿、沙鉢《さはち》、硯《すずり》蓋《ぶた》、盃台、湯桶《ゆとう》。

行楽・贈答用…重箱、提重、食籠《じきろう》、行器《ほかい》、広蓋、茶弁当。

これらはいずれも梨地蒔絵《なしじまきえ》、黒塗提重金筋入りなど高級漆器、陶磁器、金属器ばかりであり、それから家具や照明、暖房具にしても同様となります。屏風《びょうぶ》類があり、燭台、行灯《あんどん》があります。〝趣味品〟としては茶道具や碁盤などがあり、上層においては祝儀、不祝儀、法事などの人寄せ、贈答が頻繁に行われており、いかに社交が重要視されていたかがわかります。

◆豪商婦人たちの遊びっぷり

豪商婦人たちの間には、遊興が花開いていました。快楽にふけり華美を極めて過ごすその遊びっぷりを見てみましょう。

「世間娘気質《かたぎ》」には、「芝居づきあいも見栄がらみで盛んに。桟敷《さじき》をとっておいて見ないで帰るという無駄も好んでする。果てには女好みの遊びには飽き足らず、十種香《じしゅこう》、歌かるた、琴、三味線、絵描き、花結びと女性のする遊びをしつくした果てには、『内に金砂子《きんすなご》に秋の野かきし乗り物（輿）を用意して、相撲見物と洒落《しゃれ》こむ…」とあります（相撲は男が見るもの）。

また一八二〇年代の外国人の日記、フィッセル著「日本風俗備考」には、「芝居を見物する婦人は、演技の最中にもかかわらず、自分たちの衣装がいかに豊富にあるかを誇示するために、二度も三度も衣装替えをしています」とあり、さらに彼は「日本の富商の妻や娘たちは、家政上の義務に忠実ですが、他方また友人たちとの社交が好きで、喜んで友人を訪問し、また物見遊山で自然を享楽している」と記述しています。

◆遊興の果て使いっぷりが発覚

「世間娘気質」より、嫁入りさせた生家の父のセリフ「銀九〇貫目入れて何一つ不足のないように拵《こしら》えて嫁入らしたに、廿並《ふたつ》んだ小袖箪笥に、衣装のことはおいて白紙（着物を包んだ畳紙《たとうがみ》）が一枚もなく、恐ろしいほど肝が潰れ、数々の長持（衣装箱）を開けさせて吟味せしに、夜着布団、すずし（生絹）の蚊帳《かや》、ビロウドの長枕、手道具類迄、どこへやりしか一つもなく、高蒔絵《まきえ》の文箱の蓋《ふた》のならぬほど、質の札《ふだ》の入ったのを見て（夥《おびただ》しい質札の山）…」

と、嫁入り道具のすべてを質に流してしまっていたことが発覚したのでした。商家は富もしますが没落も多いものです。勘当息子も出やすく、また衰運にある家も多々あります。悲喜こもごもの豪商です。

〔豪商の花見の様子〕

元禄頃の上層では花見幕の上に自慢の衣装を数枚かけ並べて、美しさを誇っていた。　（参考「世継草」延享４年）

花見弁当を広げて楽しむ様子　（「大和耕作絵抄」より）

役者が花道を通っている所を皆が見ている。

歌舞伎見物

豪商妻たちの遊びには、桟敷《さじき》席での歌舞伎見物も多い。これは舞台を囲んで左右二階の、桟敷席の様子。

提重《さげじゅう》

屋外用の重箱セット。

開くと下図となり、右下の絵はこの提重を持参したごちそうで盛り上がっている。

食籠《じきろう》
食物を盛る漆の容器

重箱

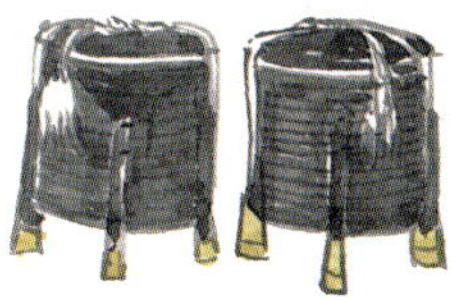

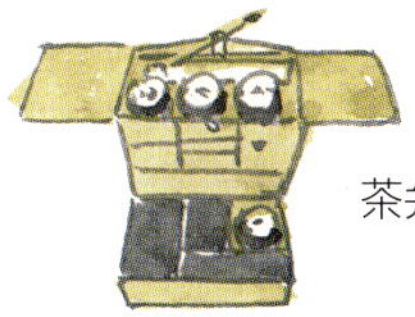

茶弁当

行器《ほかい》　食物を入れて運ぶ。三本足で漆塗りや白木製がある。

三　上層商家婦人の暮らし――「日知録《にっちろく》」より

◆上層商家の妻　沼野峰《みね》の日記より

一八世紀後半、和歌山城下の町大年寄《まちおおとしより》であり、富裕な質商である森屋家の一人娘として生まれた沼野峰は、「日知録」と名付けた日記二冊を残しています。一冊目は寛政三年（一七九一）、峰が二十歳で長男松之助は五歳の若い頃のこと。二冊目は文政八年（一八二五）、夫は亡くなり、峰は五十五歳の老境にある時のものです。

商家の一人娘として育ちましたが、峰は四歳で母を、八歳で父を失い、彼女は隣に住む父の実家を後見人として養育されました。峰が十四歳の時に婿《むこ》養子を迎えていますので、彼女は〝家付き娘〟という立場です。息子は三人ですが、次男は早世しています。

日記の内容は家事の様子や家業の手助け、慶弔《けいちょう》の交際が綴られており、上層町人である商家の日々の暮らしぶりが窺えます。

1家事の様子（最多は縫物）

○縫　物

峰が二十一歳、息子は六歳の若妻時代には、衣類に関する記述が最も多く、毎日のように〝縫物〟をしています。日記に記された寛政三年の記録によると、特に縫物をした日は十月は18日間、十一月は23日間、少ない月でも10日間くらいはしています。これには家族の着物と奉公人の仕着せの分も含まれています。

そして他には糸を撚《よ》ったり、糸くり、糸巻き、染物、糊付け、まつりもの（縫い方の一つ）、解《と》きもの（大人の着物をほどいて子供用に縫い直したり、洗い張りという季節の洗濯をするために、着物をほどく作業）、継《つ》ぎ物、虫干しや着物の片付けをしています。染める場合、絹物など上等な衣類の染物は京都に注文していました。また機織りはしていないようなので、外に出していたと思われます。

○食事作り

食事作りに関しては、通常のことなので記述しないのか、女中たちがしていたのか、日記にはほとんど出てきません。しかし稀に五月の節句の粽《ちまき》作りなどの〝特別な行事食〟の記述があり、詳細は不明です。

2　家業質店の手助け

主婦である峰の仕事の二つ目は、家業である質店の手伝いが挙げられます。その内容としては質店の帳簿付け、照合の手伝い、質流れ品の整理、奉公人への祝儀包み作りの手伝いなどがあります。

•また正月や五節句などの行事や祭礼の際には、別家や出入りの者に連絡をし、接待の指図をします。

•貸家の管理も峰の仕事です。これは沼野家が町内に持つ貸家の管理で、特に店賃《たなちん》集めの取りまとめであり、実際の店賃集めは丁稚《でっち》の二人が借家廻りをして集めてきますが、無事に集めたので「夫から二貫文下され候」と、夫からお小遣いをもらったようです。

3　接待・贈答

商家の特徴として来客が多いことが挙げられます。家業の関係者の他、親族や、夫が町大年寄でもあるためか、その職務に関わる来客もあり、日記には二百人近い人名が登場しています。

そして交際には贈答がつきものですが、到来品（輸入品）を含む贈り物の記述が連日のように記されており、贈答の気配りは主婦の腕の見せ所とも言えます。

その様子を見ると、文政八年で来客があったのは月平均で25日、来客数は62人、内酒食でもてなしたのは24人、宿泊は月平均で3、4人です。しかし酒食の接待がほぼ毎日のようにあり、宿泊もあるとなると、主婦にとっては負担ともいえます。

一方、贈答品ではやはり〝食物〟が大変多く、また当時は商品切手があり、酒切手、饅頭切手、羊羹切手、蒲鉾切手もありました。当時の富裕層や商家ではもてなしが社会習慣となっていて、それらの層ではどこの家でも贈答をしあっています。そこで腐らない切手類が好都合であり、食物は他所に廻したりしています。

贈答の内、先方へ贈る方は月平均で四十四個、答の頂く方は六十九個です。また贈答の品には縞《しま》の木綿一反《いったん》、小豆飯《あずきめし》、かます塩焼、饅頭《まんじゅう》一包などがあります。

〈峰の教養と娯楽〉

峰は本居大平《もとおりおおひら》門下として和歌を嗜《たしな》み、しばしば添削を受けていました。夕食後には『水滸伝』や草子物を愛読し、文芸好きのようです。そして忙しい日常の中での楽しみは、子が小さいためか遠出はしていませんが、明神への参詣《さんけい》です。

［若い頃の沼野家　家族の構成］

家族…夫婦2人、息子2人　（計4人）

住込み奉公人と乳母　［総計・10人ほど？］

（外部）…別家・出入りの者

質屋の店内　どこかの妻女が、着物を質入れしている。「日知録」の沼野家は質屋。（「人倫訓蒙図彙」より）

帳場《ちょうば》のある風景　ここは呉服屋だが、沼野家の妻峰は、家業の手助けとして質店の帳簿付けや照合を手伝っている。
（「商人生業鑑」文政４年より）

〔贈答品〕

〔若い頃の沼野家の構成〕

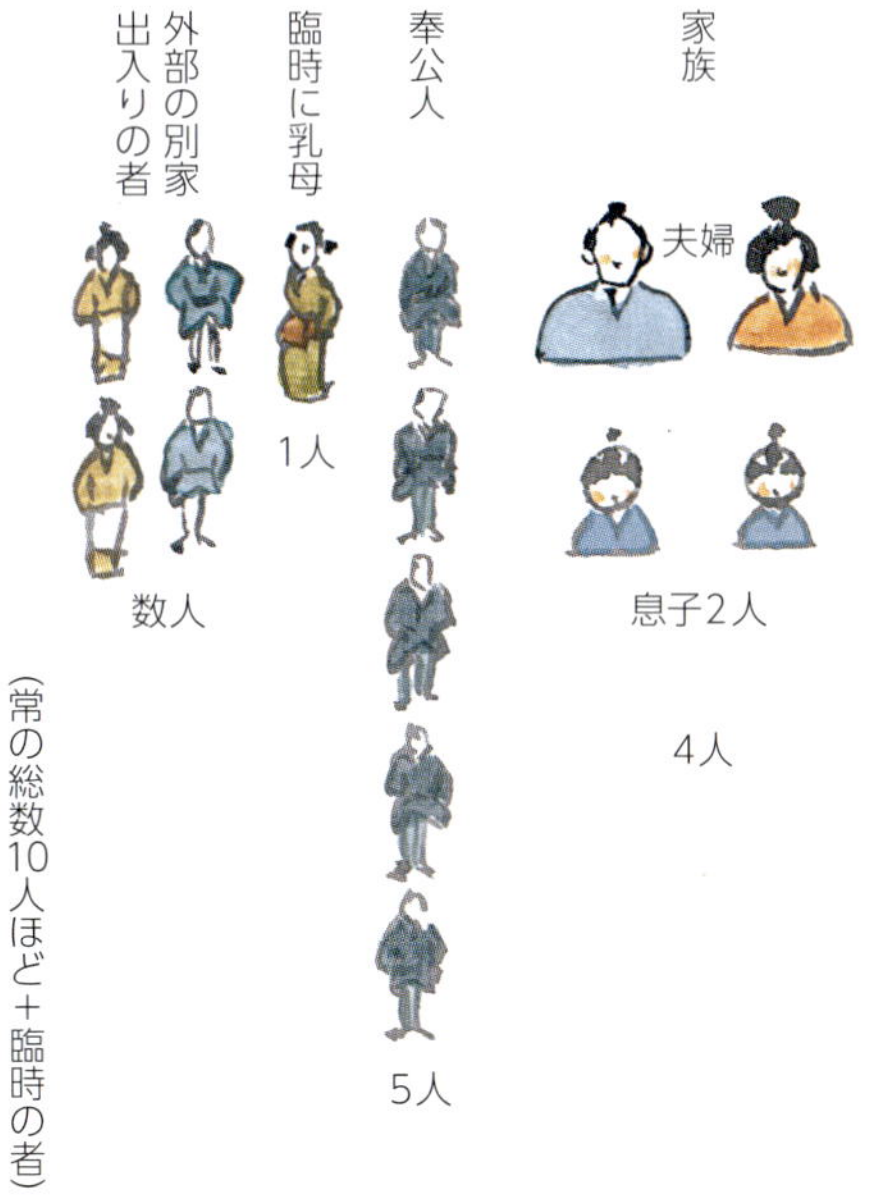

◆沼野家の数種類の奉公人

一口に家事奉公人といっても、奉公人の年齢に応じた職種がありました。沼野家には天保の一八三三年から安政の一八五八年の二〇年の間に〝四種類の女中〟がいましたので見てみましょう。

1　上女中…〝針妙《しんみょう》〟で縫物専門であり、年齢は二十歳から二十六歳と一番高く、給銀は百二十匁《もんめ》。

2　中居《なかい》…台所働きや家事全般で二十歳代。給銀は百二十匁。

3　飯炊《めした》き…一番下の格であり、一般には水仕事や飯炊きをするのを〝下女〟と言っています。二十歳代、給銀は百二十匁。

4　子守り…七歳から十三歳の少女で、給銀は七十五匁と低い。子守りはまだ仕事ができないため、低い給銀ですが、女中奉公の出発点でもあります。

これらは熟練度の度合いが上がれば、給銀も上がる職種の構成になっていました。たとえば振り出しの子守りを数年間勤め上げた後に辞める者もいるでしょうが、引き続き飯炊き、次に中居へと上がっていった者もあるでしょう。彼女たちは近隣の農村の娘たちです。たとえば親が前借の借金をしていて、年季が明けても家に戻るに戻れない場合もあるでしょうし、働くのが性に合っている娘もいるでしょう。しかし結婚を理由に、二十四歳から三十歳の間に辞める人が多かったそうです。

さてこの村娘たちが辞める年齢に注目して頂きたいと思います。豪商の娘たちの結婚年齢は一番早く、十三歳頃であり、まだ少女です。江戸時代の一般の娘たちの結婚年齢は、武家の娘を含み十六歳から十八歳頃です。ほとんどが十代で結婚するのに対して、商家へ奉公に出て実家へ戻って結婚する村娘たちの、この遅さです。退職する際に、すでに二十代半ばを過ぎており、晩婚です。ちなみに現代の女性陣の超晩婚も問題となっています。現代の女性の平均結婚年齢は二十九歳となってしまい、子が生まれにくい年齢に達しており、江戸どころではありません。

◆老後の峰の暮らし方

峰の日記の二冊目ではすでに夫は亡くなり、峰は五十五歳の老婦人となっています。若い頃には峰夫婦が現役であり、稼業の質店に精を出し、夫は町大年寄という公的な立場もこなしていましたが、年老いて家督や家事は息子夫婦に譲り、峰は老後の生活に入っています。現代にも参考になるその暮らしぶりはどんなものでしょう。

［五十五歳の峰の家族構成］
家族…老後の峰、息子（四十歳）夫婦、孫の男女で二人
夫は亡　［計五人家族、他奉公人］

峰は姑の立場に変わっています。毎朝の仏事のお勤めが日課です。老後も衣服関連の縫物が多いのですが、若い時に比べると半減しています。これはたぶん老人になると目が衰えて、針の穴に糸を通すのが億劫になるのと、気力の衰えもあるのでしょう。

若い頃には長男松之助が疱瘡《ほうそう》にかかり、子の病気の看病をする側であったのに対して、老人になると自分が病気になる側に変わっています。また昔は自分たち夫婦や家業を通しての暮らしぶりが中心に描かれていましたが、今度は息子夫婦や嫁の出産があり、孫たちとの生活が中心になりました。昔は家族の四季の着物作りや、奉公人たちの仕着せも自分で作り、商いなのでほぼ毎日の来客への接待やもてなし、贈答などの配慮と多忙でした。

これに対して老後は、嫁がいるために家業の手伝いや家事から解放されたためか、時間にゆとりができたようです。家族や親族、知己と一緒に寺社参詣に行ったり、晩年には別宅の畑屋敷に泊まりがけで何日か出かけるなど、家族と離れ農村での暮らしを楽しんでいます。隣の父の実家（養家）へ遊びに行くことも楽しみでした。また孫と過ごす時間も増えており、孫を連れての社参や宮参りなどに出かけています。

教養面では、師事している本居大平に和歌の詠草《えいそう》を送ったり、また狂言を観に行ったり、夜には草双紙を読んだりと、充分に老後を楽しみ豊かな時を過ごしています。

さて、ここまで和歌山の商家の主婦、峰の生活を見てきましたが、武家と商家婦人の暮らしぶりを比較してみましょう。武家の中士、下士婦人においては多くの婦人たちは〝機織り〟の仕事を中心にすえて、それは賃仕事ともなっていました。機織りは単調なように見えますが、配色や柄などのデザインという個性を表現できる分野です。没頭していく物作りの暮らし。

一方、商家の主婦は、機織りまではせず、家族や奉公人の着物作り（縫物）が主軸となっているようです。それと共に家業の手伝いや、接待の仕事もこなす立場です。異なる仕事を数種類、同時進行で進めるという、まったく違う生き方となっています。

現代でとらえるならば、武家婦人は布地のアーティスト系統であり、商家婦人は縫物と経理・商い補佐・社交という分野でしょうか。次を見てみましょう。

〔沼野家の数種類の奉公人〕

商家の女たち　中以下の店では女も店で仕事をするし、経営の面でも重責を果たした。（「女用智恵鑑宝織」より）

江戸中期・上方の富商の妻女と奉公人たちの様子。豪華な刺繍や染めの入った打掛を着、優美な先笄髷《さつこうまげ》に結った妻女。

腰元《こしもと》　武家では行儀見習いにあたり、妻女の遊び相手や外出の供、主人の身辺の雑用

中居《なかい》　家事全般を見るキャリア組

町人上品《じょうぼん》の室《しつ》

子守り　7歳から13歳頃の少女。

（通称「大江戸日本橋絵巻」より）

下女　水仕事や飯炊き

（「浮世画譜」より）

四 商家婦人の暮らし——麻布買い付け業「覚日記」より

◆中山道 麻布買い付け(布買宿)の家

「覚日記(仮名)」は江戸後期頃の天明八年(一七八八)から始まり、現存するのは一番のみです。日記の書き手である夫の二代目梅原又右衛門次方(名前)の仕事は、三井越後屋の中でも麻布を扱う京都の麻店から、近江産の〝麻布買い方(買い付け)〟を命じられ、家業として地元の産地を廻り麻を買い集める仕事です。また三井京都店からは担当の買い役の人が度々派遣されるため、一緒に地元で買い付けも行います。この三井側の人は産地を廻るために長逗留ともなるわけで、梅原家はそれらの人が泊まる〝布買い宿〟ともなっています。

梅原家が住む地域は中山道愛知川宿《えちがわじゅく》の村で、京都に程近く、家から京都までは二日間を要する所に位置しています。夫や手代はたびたび三井の京都店へ出向き、また産地を廻るため、外出、外泊も日常となっています。妻みきも、買い宿としての留守宅を守り、まるで旅館の女将のような仕事ぶりです。そのような多忙な中、当時の女性としては稀な、実家への泊まりを伴う旅にも時々出ており、買い付け、買い宿の商家の暮らしぶりが窺えます。では夫の次方の仕事を具体的に見てみましょう。

◆麻布買い付け業の仕事・日記より

・寛政六年(一七九四)の一月、次方は供を連れて京都の三井店に年頭の挨拶のために上京し、帰りがけに妻みきの親類宅へ立ち寄っています。初訪問なので、美濃紙五帖、上扇子二本、みきの叔母と子供たちへ菓子袋を贈りました。同年二月、三井の支配役金兵衛が退職したので、京都から生家へ帰る途中に梅原家で一泊。

・二月二十一日　夫は三井の布買い付けの中心地である上群《ママ》(滋賀県蒲生郡)へ出かけました。

・三月五日　寛政二年(一七九〇)まで三井店の布買い役だった四朗兵衛が、遠州の秋葉山代参の帰りに立寄り宿泊。

・三月二十三日　三井店の布買い役平五郎が上群《ママ》小口へ到着したので、夫は同地へ行き、一緒に布買い付けを行い、三月二十七日夕方に平五郎と一緒に自宅へ帰りました。

・四月に入っても平五郎は中村に滞在していましたが、四月七日に兵主《ひょうず》（滋賀県野洲）へ買い付けに出かけ、夫もこれに同行し、四月二十日までそこに留まります。
・四月二十日　平五郎はそれで仕事を一区切りさせ、三井店へ帰京。しかし夫はその足で上群《ママ》・兵主と廻り歩き、四月二十七日に家に帰りました。
・寛政四年（一七九二）四月に大坂で大火があり、三井の大坂店も類焼しましたが、十一月十一日にその普請が完成、店開きが賑やかに行われ、この日の売上高は千五百両。十一月二十二日には夫がその祝いのために上京し、二十四日に三井店に到着。酒三升、生鯛一尾の祝儀を差出し、返礼として鰹節一箱を贈られました。

◆梅原家の妻みき

みきは明和七年（一七七〇）生まれで、十七歳で嫁入りしています。生後まもなく実母は亡くなり、後妻の妙順に育てられました。二人は大変親しく、妙順は毎年の如く京都から二日かかる梅原家を訪れており、みきもたびたび実家である京都へ泊まりがけの旅をしています。

江戸期の嫁入りは当日の夜に祝言の式があり、翌日には夫の家族へ〝土産の品〟を贈ることになっています。

これにより家族の構成を見てみましょう。

［みきの嫁入り時の家族構成］

家族…三代目の隠居と妻おつぎ、四代目世右衛門と妻八重、五代目又右衛門次方（夫）とみき　（家族計6人）

手代と奉公人…手代（庄助、善助）、伊兵衛、膳六、おすが（計5人）　［総計・11人］

◆みきの嫁入り事情

みきの嫁入りは当面村内に公にならず、親類縁者への嫁の土産贈りと、二月十八日の晩に隣家の妻へ引き合わせるために行われた酒振舞に留まりました。翌年、長男太蔵が生まれる二カ月前に、正式な婚礼の儀式を挙げ、一門中や村内の人々を招き、若い衆全員を呼んでいます。

なぜ一年間も嫁入りを伏せたかですが、やはり跡継ぎとなる長男誕生が待たれたのと、後述する宿の女将業としての適性のことも含まれると思います。子供が生まれない場合はこのまま離縁がありえました。この家は世襲で初代から五代目まで続いている家業なので、男児で六代目が出ない場合は家業が潰れ、養子を迎えるしかなくなります。しかし、みきが嫁入りした後九年の間に、二世代の舅姑四人が次々と世を去り、長上の肉親をすべて失い、夫婦と長男、子供たちとの核家族となっていきます。

木綿織工の村

「覚日記」の梅原家は“麻布買い付け業”であり、また“布買い宿”も兼業。この絵は地方の木綿職工の村が描かれており、各々の家内では女たちが機を織っている。道を行くのは布買い付けの人たちと思われる。

（「紀伊国名所図会」より）

大坂木綿問屋（大蔵永常「広益国産考」より）
これは大坂の木綿問屋であり、梅原家は三井越後屋の京都の麻店が主家であった。両方上方の店。

参考・こちらは絹の長浜の問屋の様子
（「蚕《かい》飼《こ》絹飾大成」）

◆男児の家業の教育

たとえば武家の儒者の家であるなら、男親は幼少の息子に自身で教育を授けました。それが商人の場合にも見られます。夫の次方が幼少の息子二人に施した、商人の家業の教育を見ていきます。

〈長男の教育〉

・次方は寛政八年（一七九六）八月に満六歳九カ月になる太蔵を連れて、北庄村の弁蔵方で手習い稽古を始めるために挨拶に赴きます。土産として酒三升と鯣《するめ》三把を持参。

・太蔵が十一歳になると、その正月には父の次方に連れられて上京し、三井店へ挨拶に赴きます。これは同店の蛭子講《えびすこう》に招かれたもので、膳を振舞われました。

＊（菊）同店当主への初お目見えであり、これから同店にて仕事をしていきますという意味。

・翌年には父母と共に伊勢参宮をし、九月には京都へ登る手代の庄助に同行して大津に行き、祭り見物をした後、京都から下ってきた父と一緒に帰郷。

・翌、享和元年（一八〇一）八月には初めて父と共に上群《ママ》へ出かけ、布仲買の家に挨拶。その翌年には兵主へ連れて行かれ、さらに京都へも父と同行。

＊（菊）商人希望の男児は十歳か十一歳になると他家へ奉公に出ましたが、この梅原家では家族経営の家業であるため、親の手許にて十一歳になると家業を習い始めています。最初は旅に慣れさせる目的があるようです。また知人や家に出入りの者の家族の葬礼や、大津の親類の病気見舞い、葬式などに父に代わって出かけるようになりました。当時の社会生活では重要とされた冠婚葬祭や行事の作法に慣れる機会も与えられたようです。

〈次男の教育〉

次男の門治郎にも同様の教育がなされています。

・門治郎が満六歳の頃、母や弟と上京した後、独り京都に残り八カ月近く滞在。

・満八歳八カ月の頃には京都へ帰る母方の祖母に同行して上京し、それから京都の親類の葬式に参列。翌年の三井店での不幸にも悔みを述べに出向きます。

・文化二年（一八〇五）二月、門治郎は父と同行して上群《ママ》へ行き、三月には父と伊勢参宮をする。九月には三井店の者と一緒に上京しました。

・翌文化三年（一八〇六）、十四歳足らずの門治郎は金十五両を米札と変えるため、八日市へと出かけました。途中から様子の怪しい侍が付いてきて、いろいろ話しかけられ、次男が持っていた金子入りの風呂敷包みを奪い取られましたが、その金が風呂敷から抜け落ちたので、それを拾い取り、逃げ帰って来ます。

十歳頃から始められた兄弟の家業への見習い期間も終わりに近づき、そろそろ大人として扱われる元服（十五歳頃）を迎えます。文化三年、兄の太蔵は元服して利助と改名します。父の手助けもだいぶできるようになりました。

三歳年下の門治郎も文化四年（一八〇七）正月には、元服して兵助と改名しました。布の買い付けや麻仲間会合への出席などもしています。

〈女児の教育〉

商家の場合はその家業を教え込むため、男児の教育は父親が担いました。女児の場合も最初は手習い稽古から始まります。文化二年三月に、七歳の長女しおと、四歳三カ月の次女ちくは、一緒に手習い稽古に通い始めます。この時も父親が師匠へ挨拶に赴いたようであり、土産には酒二升と饅頭百個を持参しています。

しかしこの後は、女児の養育は母親のみきが担います。女児たちを旅に連れて行くのは母親の役目となり、みきが実家のある京都へ出向く時や、多賀参詣などの折には娘一人か二人を連れて出かけています。

◆梅原家の奉公人たち

梅原家の家内を構成するのは、血縁の家族と奉公人たちです。買い付けの営業に従事する男子奉公人は、周辺農村出身の者たちですが、奉公して数カ月で暇を取る者、いったん暇を取りますが、数日でまた復帰を願い出る者などいろいろいました。

みきが嫁入りする時にはすでに奉公していた手代の善助と庄助は両人とも無事勤め上げて宿入り（退職）となり、〝別家〟となって通勤するようになりました。庄助は宿入りが少し遅れて二十四年ぶりというから三十五歳ほどにはなっていました。両人とも今まではずっと店での共同生活でしたが、別家となった年に結婚し、通勤となっています。年間の給銀は二百匁《もんめ》と定められました。

梅原家では営業活動をする男の奉公人は大体三人から五人おり、その他に〝出入りの者〟が数人いました。これは飛脚の者が二人、そして荷物運び、駕籠かきのために雇われる者たちでした。

次に女の奉公人ですが、〝乳母〟は子供ごとに乳幼児の時だけ雇いました。臨時雇いです。他、女の奉公人は常に数人いますが、日記の著者が当主（男）であり、下女は主婦の管轄下にあるためか、記載がありません。

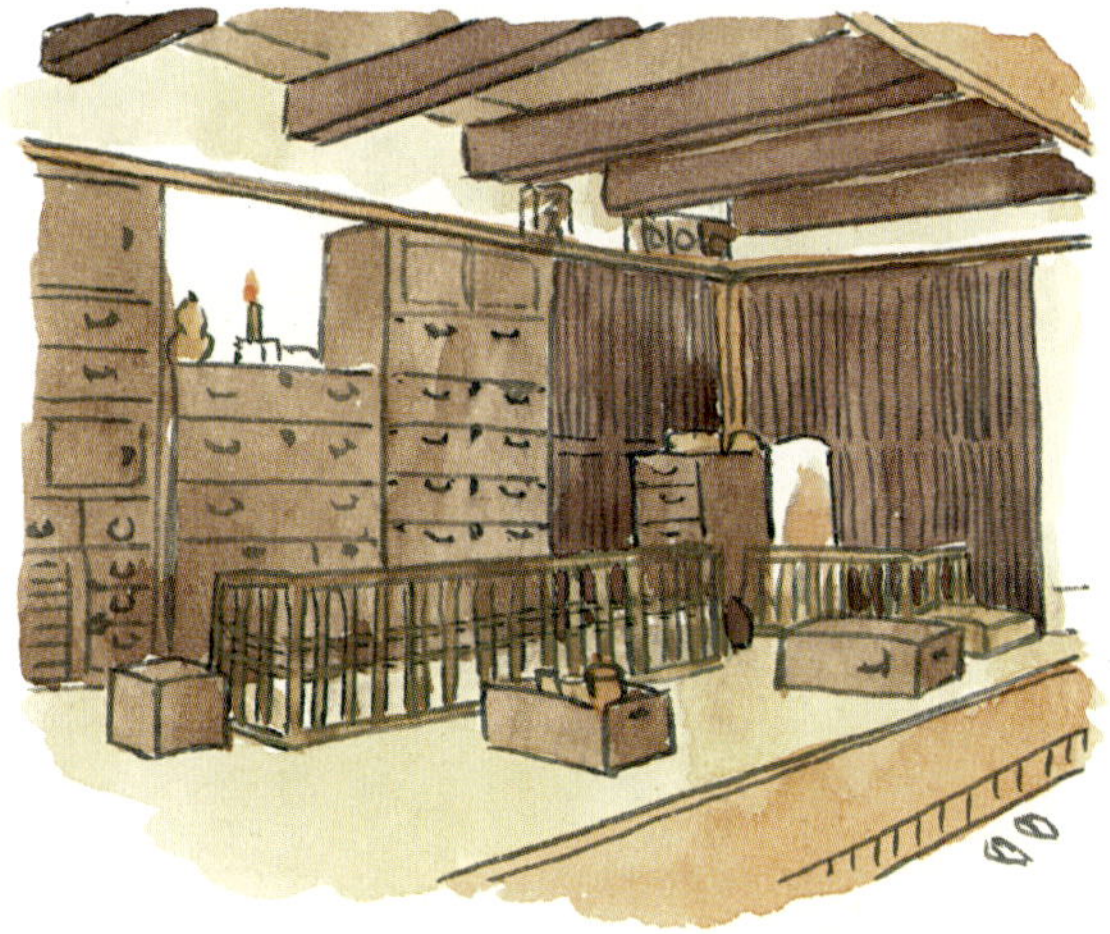

江戸時代の近江商人の
店の帳場

〔商人の道具〕

主に丁稚が着る松坂木綿
（出世すると別な産地の布へ）

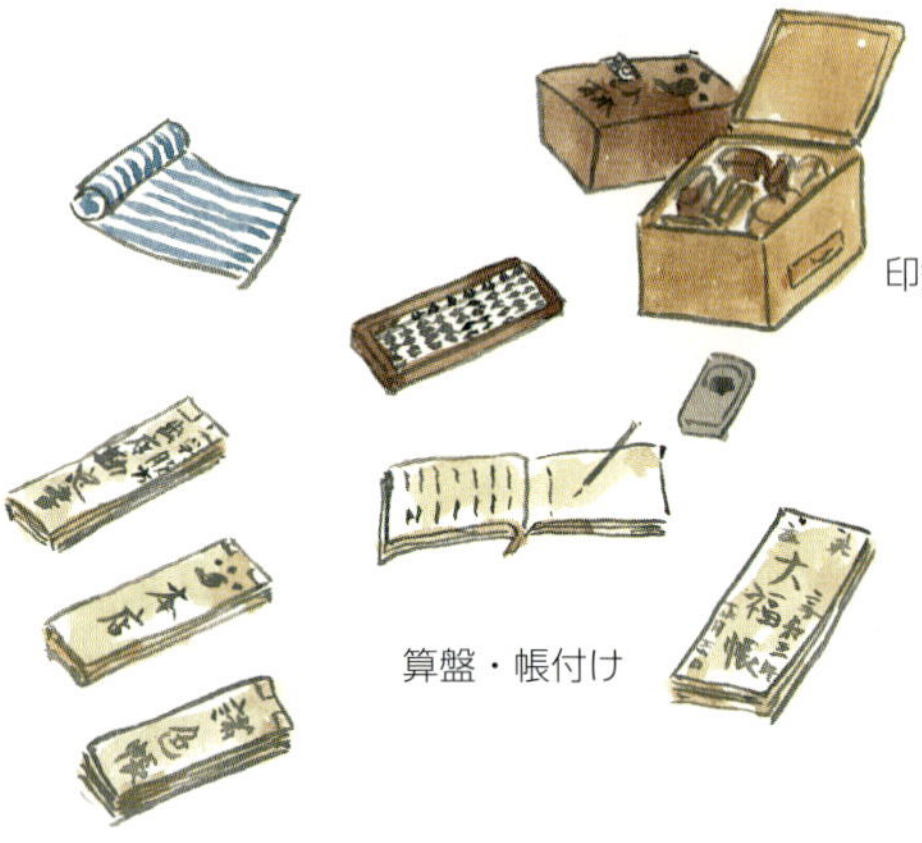

近江《おうみ》の行商人

(「近江商人事績写真帖」より)

これは全国を行商する近江商人の絵。梅原家では当主である父と息子、あるいは手代と息子とでよく旅をしている。

京の奉公人江戸下りの図

大店では、京都の本店で正社員である十歳頃の丁稚を採用し、江戸の支店(江戸店《だな》)へ送り出す。(版本より)

◆布買い宿の主婦は女将役が特色

当時、普通の商家の女性には共通する家事がありました。それは男女の奉公人がいるため、その衣料である〝お仕着せ〟を盆と暮れの年二回支給しますので、皆の着物を縫い整えておくことと、日常の一家の食事作りです（女中が主に作る場合も多いようです）。

この他に〝布買い宿〟を兼業する梅原家の主婦は、まるで旅館の女将のような仕事となるようです。その状況を見てみましょう。

〈布買い宿を利用する人々〉

そもそも近所の中村は中山道愛知川宿《えちがわじゅく》から京都寄りの最初の在町で、街道に沿っていることから交通の便が良く、周辺には各種の麻布の産地を控えていました。

このような状況ゆえに、家業に関連して三井家の手代やその家族、また退職した者、そして別家たちに至るまで、中山道を通る者は梅原家に立ち寄り、一泊あるいは長期滞在する者が多かったのです。三井店の布買い役の者は、上群《ママ》、兵主などを廻ると中村へやってきて、かなり長期間滞在しました。

これらの家業関連の人々の他に、知人やみきの実家の母（京都から）、そして親類たちの来訪や長期滞在も多かったのです。中には商用のためか中山道の往復のたびに年間何回か立ち寄って、一泊する者もいました。

また時には村内の住職に依頼されて、京都の高僧の接待をしたり、琉球人や往来見物に来た本行寺僧侶二十五人に酒肴を用意するなど、年間にはかなりの人数が梅原家を訪れたり、宿泊しています。

そして街道沿いである立地のためか〝冠婚葬祭〟の諸行事も多く、特別な料理を用意することもたびたびありました。他には夫の唯一の道楽である謡《うたい》の集まりもあり、そのための饗応もありました。これらの布問屋仲間の会や、夫の趣味の集まり、家での行事の際には〝特別料理〟が出されましたが、その献立を挙げてみます。

〈饗応の料理〉

○夫の次方は江州布問屋仲間に加入しており、その内の南組五軒の参会を享和三年（一八〇三）正月四日に、初めて梅原家で行いました。この前々年に仲間に加入したばかりのせいか、献立も入念に配慮され懐石料理のようです。

前酒（三ツ組盃）、硯蓋《すずりぶた》（鉢肴、すし）、吸い物（鯉《こい》味噌汁にして）、大鉢（湯鯛・あわび生姜酢）、鱠《なます》（大根・うど・鯛《たい》）、汁（椎茸・青味）、焼き物（あま鯛）、平皿

（鱒《ます》・三ツ葉・大椎茸）、菓子碗（かき・玉子）、猪口《ちょこ》（いか・うど）、台引（うなぎ・九年母《くねんぼ》）、吸い物（すまし・鯛・薄雪昆布）、鉢（鱒《ます》）、嫁菜ひたし、御飯、香物。

○江戸時代には子供の成長を祝う行事には、親族を招いて祝宴を催すのが一般的です。梅原家での長男太蔵の〝喰物初祝儀〟には、お千賀と子供、晒《さらし》やのお喜代、丸やのおいせ、おりさと産婆が招かれ、その献立は鱠《なます》（大根・うど・人参・生いか）、焼き物（塩小鯛大《ママ》）、小豆御飯、平皿（くしかい・山いも・牛蒡・人参・平こんぶ）、取さかな（小鮒《ふな》・昆布巻・たたき牛蒡・ひたし物）、御酒三献。

○寛政五年（一七九三）二月一八日には、亡義兄正義の追善〝謡《うたい》の集まり〟があり、夫の又右衛門次方は景清をつとめました。終わってからの献立は、追善のためか精進料理のようです。

鱠（大根・岩たけ・生姜・三崎のりなど）、汁（ふき・つと豆ふり・干大根）、平皿（湯葉・皮牛蒡・椎茸）坪皿（くわい・人参・塩松茸）。

二の膳で刺身（わさび、竹の子。くず切り・海ぞうめん・三ツ葉・こんにゃく）、二の汁すまし（落としいも・浅草のり）、茶わん（おぼろ豆腐あんかけ）、台引（れんこん・九年母）、硯蓋（おしいも・こう茸）、重引《じゅうびき》（嫁菜ひたし）、吸い物（松露ふう）、御酒三献、お菓子（塩美饅頭二つずつ）

○享和二年（一八〇二）八月二十日に中村の〝齢仙寺で僧の大会〟が催され、京都からも高僧を招き、百三十人程の出家が集まりました。この時に梅原家ではその全員を招いて、餅などを振舞っています。餅は前日から五斗三升をついて準備し、この時の献立はぜんざい餅、平皿、猪口御飯、香の物でした。

私は〝布買い宿〟というのは、家業関連の人たちだけが利用する小規模（民宿のよう）なものかと想像しましたが、実際にはこの中村宿の立地が交通の重要地点になっていたこともあり、地域を代表する大きな旅館業のようになっていたことが窺われます。

客層も布の専門業者を中心に、その縁《ゆかり》の人々、地域の僧侶たち、問屋など組織の人々、夫の謡の知人、そして内輪の親族や近隣の女たちなど、主婦であるみきもこれらの人々と如才なくおつき合いをする才覚が求められたものと思います。格式や親密さを保ちつつ、多い時には百人を超える人々をもてなす接待力が彼女にはあったのでしょう。

出産祝い　当時は成長の節目には親類や近隣の人を招き、祝宴を催すのが一般的だった。（「絵本婚礼道しるべ」より）

お食初《くいぞ》め

これも成長の祝いで、通常は生後 100 日目、遅くても 120 日目には行われる。歯固め用の小石、赤飯、焼き魚などが並べられ、赤ん坊に食べさせる真似をする。梅原家ではこのお食初めの祝儀を行っている。（「風俗画報」より）

上流の屋敷での食事風景

食事は飯、汁の他、鱠《なます》、魚焼き物、平皿など一汁三菜が基本となっている会席膳。（「絵本筆津花」より）

梅原家では夫の謡の集まりに料進料理を出している。これは囃子《はやし》を男たちが楽しんでいる絵。（「絵本大和童」より）

◆商家の妻みきの旅と土産の品

旅宿の女将でもあるみきは、一般の主婦と異なり、奉公人や出入りの者たちを采配しての仕事ぶりから多忙さが窺えます。しかしそんな中にもつかの間の休日はとったようであり、みきの実家である京都の家や、大津の親類の元へ旅することが主でした。また神社への参詣も家族で楽しんでいたようです。その様子を見てみましょう。

○寛政二年（一七九〇）八月、この時がみきの最初の里帰りで、夫と前年に生まれた長男太蔵を連れて二年半ぶりに実家へ戻りました（供は男女一人ずつで、通し駕籠で道中するための、舁手《かきて》二人）。途中の大津では親類や縁者七人を訪れ、土産物や銀子（お金）を渡しました。

・土産は、扇子・帯・晒布《さらし》・杉原紙・鯣《するめ》・黒大豆。親類の越後屋吉兵衛方に宿泊。

・京都の実家への土産は、父の庄左衛門に金百疋、母の妙順に絹一反《たん》、叔母に晒一反、他の叔母おきよに染め風呂敷一枚。

・他商人と思われる縁類の者たち・糸屋・香具屋・升屋・蛭子屋・近江屋など六人への土産は、染め風呂敷・杉原紙・菓子。

・僧侶への土産は、即是庵には晒一反、石山の松中坊に金百疋、岡崎庵の恵忍に白銀一両と黒大豆。

この里帰りの旅は京都で一カ月を過ごし、母をともなって帰郷しています。

梅原家は旅館を使わず、宿泊はすべて親族の家にしており、そのつど大量の土産物を持参しています。供の他に荷物持ちを雇っている場合もありますが、この品数の多さでは相当重いことが察せられ、荷物が別送りかは不明です。

○寛政九年（一七九七）九月、辻村の叔母妙教が病気のため、みきは二年前に生まれた三男の元三郎を連れて見舞いに行き、何泊かしました。

○寛政十年（一七九八）の三月にみきは長女のしおを出産し、その夏の終わりである八月二十九日に出立し、次男の門治郎と三男の元三郎を連れて、四年ぶりで京都へ向かい、途中草津に泊まり、翌日には石山へ参詣しました。その晩には大津の親類宅へ宿泊し、九月三日には帰郷しています（供は善七と、とよの二名で、荷物運びは裏町の市兵衛）。

○大津の親類である松坂屋弥兵衛方へは初めての訪問なので、土産は酒三升と肴を持参。妻のおしなには延紙《のべがみ》二束を贈っています。

○同年十一月、香具屋庄左衛門家とみきは近い縁戚のため、松井庄左衛門夫婦は梅原家に宿泊し、翌日は多賀大社へ参詣しました。そして帰路、夫婦が近江国神崎郡位田村へ戻る際に、みきは先方の新婦であるおよつへ祝言の〝部屋見舞い〟の悦びを述べるために同行し、およつ宛てに祝儀を贈りました。翌日には夫も挨拶に赴いています。その祝儀の品は、酒三升、鯣三把、扇子箱、饅頭五十個を贈っています。

○寛政十一年（一七九九）、この年の梅原家では病と死とが重なり、みきは彦根の医者に診てもらうための外出となります。五月二十日に五人目の子供の死産があり、六月二十一日には三男元三郎の病死が重なり、みきは心身が傷んで病気がちになり、彦根の産後医者市右衛門の診察を受けに、通し駕籠で出かけます（供は善七）。みきは同年の夏場を過ぎた頃にはもう健康を取り戻したらしく、九月十四日には親戚の松井家の人たちと〝長浜の神事見物〟に出掛けています。

○近江の村々からは、伊勢や讃岐の金毘羅へ参詣する人が多かったようで、中村にも伊勢講があり、寛政十二年（一八〇〇）の伊勢参宮には夫の次方とみき、長男太蔵のめったにない家族揃っての旅を楽しんだようです。

◆布買い宿の妻みきの生活の特徴

宿の女将として采配を振るい、また一時は旅も楽しむみきの生活の特徴には三点が挙げられると思います。

一つは実家や親類とのつき合いを大切にし、行き来も多いということ。病気や妊娠の際には里の母や叔母が手伝いに来てくれ、参詣や神事見物など遊ぶのも一緒なら宿泊先でもありました。梅原家に限らず、江戸の人々は親戚づき合いを大切にしていました。

二つめは家業のため、夫や奉公人たちの外出や外泊が多く、また来客も多い暮らしでした。三井の買宿であるため多くは関連の客であり、長逗留もあります。また家業の他にも地域での夫の活動が広く、交際、交友関係が広いため、妻であるみきも接待やその指揮にあたり、商いにはその妻の支えぶりも重要かと思います。

三つめは、みきは旅や遊山を含めて行動範囲が広いということです。その範囲は周辺地域であれば、彦根、長浜、多賀、近江八幡など。遠い地域であれば大津、京都、伊勢詣りにまで出かけています。多くは子供連れであり、供も付き添いましたが、商家であるために夫や家族揃ってというのは無理でした。当時としては自分の能力を活かし、自由に生きられた女性だと思います。

〔商家の妻みきが旅で泊まる時の親戚への土産の品〕

商家の妻みきは、よく子供と奉公人連れで、京都の実家へ駕籠を使って帰っている。一カ月の長逗留になることも。
(歌川広重「東海道五拾三次　岡部《おかべ》」より)

五　町家の女奉公人

◆女奉公人の上中下

当時の町方女性の自活の一つであった女中奉公についで見ていきたいと思います。江戸時代の全域において女中奉公は大きく分けて三種類ほどあるようです。

1　上女中（上づかい）…主人の側の用事をします。始終主人の側におり、外出の時はお供をし、またお客があればお相手もします。

2　中（仲）働き・中居《なかい》…十八歳から二十八歳くらい。家事や機織りや縫物、雑用など全般です。

上女中や中働きの条件として、三田村鳶魚《えんぎょ》著『江戸生活事典』によれば、〝作法応対と口上〟を出す家もあり、〝口上〟は昔の女は主婦でも手紙を書いて往復することは滅多にありません。大抵は口上で用を足します。その口上は長いのですが覚えて行き、長い返事も覚えて復誦《ふくしょう》しなければなりませんでした。

3　下女《げじょ》・端下《はした》・台所働き…洗濯、水汲み、飯炊き、日々の食事作り他で、主に水仕事をします。

◇乳母《うば》…生まれた時の赤ちゃんの世話で、臨時雇いが多いようであり、よって子供ごとに乳母は異なります。そのまま養育して長期となる場合もあります。また母が難産で寝ついていたり、乳の出が悪い場合、乳をやる女は別に探しました。

◇針妙《しんみょう》・お針…二十歳から二十六歳くらい。縫物の専門職。木綿は縫えるが絹物は縫えないとか、単《ひとえ》は縫えて重ね物（袷《あわせ》）も縫えるなどの技量により、給銀は異なったようです。

◇子守り…十三歳から十七歳頃の少女。

◇妾《めかけ》奉公…主人の妾も奉公人の一種とみなされました。

沼野峰家の「下女給銀かし控帳」天保九年（一八三八）から安政五年（一八五八）までの二十一年間の記録によれば、職種は年齢や本人の技量により採用の時に分けられました。

〈奉公人の出身地〉

沼野家は和歌山の城下町にありますが、女中たちの出身地はその城下の町々から入り、親の職業としては石切屋、八百屋、指物屋《さしものや》、すだれ屋などの娘がいます。他には近隣の農村からも多く入っていました。

〈年齢と晩婚〉

大部分は二十代であり、最も高齢の者は三十六歳までいます。独身で嫁入りのために辞めた者の年齢は二十四歳から三十歳であり、一般の当時の娘の嫁入り年齢である十六歳から十九歳までと比べると、つとに晩婚です。

〈周旋《しゅうせん》の口入屋《くちいれや》〉

奉公の〝出替《でがわ》り〟は正月と中元（夏）でしたが、それ以外の時にも出入りはありました。奉公の周旋は口入屋（人宿）が行います。女の奉公人の抱え方には二種類あり、年季奉公と出替り奉公です。

◇年季奉公…老女や女中がこれにあたり、年収は一両二分から二両強の給金です。

◇出替り奉公…お針、女中、飯炊きなど。この中には更新を繰り返す者もいました。給金は半期の六カ月で一両前後かそれ以下でした。現代でいう契約社員です。

〈奉公人請状《うけじょう》〉

奉公をする時には斡旋《あっせん》する人と請人《うけにん》（保証人）が、奉公主へ「奉公人請状（誓約書《せいやくしょ》）」を出します。これには身元、前借（年貢などのため）、あとの支払い、給金、奉公期間などが記されます。中途で暇《いとま》が出た場合、弁償する方法は二つで、返金するか、奉公人の代替えの人（本人の母や妻、子供から）を出すことでした。

〈奉公期間と退職理由〉

中には一カ月もしない内に辞める者や、解雇される者もいましたが、最も長くて六年間です。これは女中奉公というのは、その後に結婚が控えているために、十代末か二十歳そこそこで勤めると、やはり最長で六年ということと思われます。が、後期には勤める期間は短くなってゆき、一年や数年の出替り（一年や半期ごとに交替あるいは再契約をする）になっていきました。

◯雇い主からの解雇の理由には、①不勤め、②不埒《ふらち》（盗み、男出入り、傍輩との言い争い、けんか、癇癪《かんしゃく》が強い、いじめ）、③病気があります。

◯女中が辞める理由は、①本人の病気、妊娠、②母の看護など親族の病気、③嫁入りででした。

沼野家の記録によれば、周旋をした口入人《くちいれ》は、判賃と呼ばれる周旋料を半年ごとに徴収しました。給銀により３％くらいであり、沼野家では３分の２を女中に、３分の１を雇い主が負担しています。この判賃は同家に勤め続けて６年目以降はいりませんが、それ程長く勤め続ける者は稀でした。女の奉公人は周旋で初日に主婦の目見えが済むと、通常は〝住み込み〟で共同生活を送ります。

(歌川国豊「絵本時世粧《いまようすがた》」享和２年より)

針妙《しんみょう》
端下《はした》（下女）

六　商家婦人の暮らし――まとめ

◆商家の家事

江戸時代の三つの日記から家事を分類した小泉和子著『日本の近世15』の中から、商家の主婦の家事にはどのようなものがあったのかを見ていきます。

日記は「日知録《にっちろく》」明和八年（一七七一）、和歌山城下の富裕な質商の妻、沼野峰。「さく女日記」天保十三年（一八四二）頃、西谷家は在郷商人であり、多くの耕地を持つ地主の家である西谷さく。「小梅日記」享和四年（一八〇四）、和歌山の藩校の助教の娘で川合小梅。

〈家事の分類〉

交際…来客接待、贈答、訪問、冠婚葬祭、見舞い、手伝い、手紙書き

衣類関係…縫物、解《と》き物、裁《た》ち物、継《つ》ぎ当て、畳《たた》む、虫干し、洗濯、洗い張り、湯揉《も》み、さらし糊《のり》付け、染物、綿《わた》入れ、綿打《わたう》ち

食関係…日常の炊事、米つき、粉ひき、餅つき、味噌作り、大根干し、漬物作り、豆腐作り、赤飯、鮨《すし》作り、柏餅、おはぎなど菓子作り、物日《ものび》（特別な日）の御馳走作り、見物などの弁当作り

住関係…屋根直し、壁修理、襖《ふすま》貼《は》り、障子貼り、畳替え、膳椀片付け、大掃除、煤《すす》払い、蔵掃除、仏壇掃除、庭草取り、池の水替え、溝《みぞ》さらい、炬燵あけ、修理

買い物…食料品、茶、酒、菓子、道具、糸針、油、薬

依頼物…染物、洗い張り物、着物の仕立て、誂《あつら》え物、料理の注文、餅つき、掃除、臼《うす》目立て、大工仕事

他…育児、看病、世話、見廻り、風呂焚き、正月用意、物を貸す、墓参、法事　など。

江戸時代から昭和30年代頃の、家電が登場する前までには残っていた家事が、だいぶあります。またこれらは女中や手伝い女を雇っている場合も含みます。

多くの家事の中で、商家の主婦として突出して多いものが〝交際と贈答〟です。次に三つの日記からどれほど多いのか見てみましょう。

〈接待〉

三つの日記で比較すると、来客があった日は、

「日知録」…月平均二十五日、来客数六二人。

三つの日記では…　月平均二十日、　来客数五〇人

商家なのでほぼ毎日来客があるのは当然ながら、「日知録」ではこの内、酒食のもてなしが二十四人、宿泊は月平均三、四人という点が、現代とは最も異なる所です。昔は〝もてなし〟が社会習慣になっていたようで、冠婚葬祭は〝家〟で行うし、当時は中以上の階層では、セレモニーの場・接待空間として座敷があり、そのような風習でした。そして商家では人との交流が多いため、酒食の接待が日常化し、宿泊も毎月あるという状況であり、現代ではこの接待部分はすべて外で行うのが普通です。

料理屋、バー、ホテル、旅館と専門家に委ねています。やはり家で行うと主婦は大変なので、外部へ委託する形に変わっていったのでしょう。当時の商家の妻の負担が察せられます。時には出前や注文料理もあったようです。

〈贈答〉


交流が多いことで贈答も大変多いことが商家の特徴です。「さく女日記」の贈は月平均五〇個、答は二四個。

「日知録」の贈は月平均四四個、答は月平均六十九個。

「小梅日記」の贈は月平均二十五個、答は四十九個。
○贈答品は〝食べ物〟が圧倒的に多いのですが、どのような物を贈っていたのでしょうか。
「日知録」では…縞《しま》木綿一反《たん》、小豆飯、魚塩焼き、饅頭。

前述の梅原家「覚日記」では…絹や晒一反、帯、扇子、杉原紙、鯣《するめ》、黒大豆、染風呂敷、饅頭、菓子、酒。
○答の貰い物の品。
「小梅日記」安政六年（一八五九）頃では…酒、鮨、饅頭、よもぎ餅、人形、魚鳥（鯛、めばる、いとより、平日、めんどり）。
○贈答には〝商品切手〟が多く使われていたことも特徴です。生物が多く来ても困り、贈答をしあっている環境もあります。酒切手、饅頭切手、羊羹《ようかん》切手。

〈商家の妻の気配り力〉


商家の婦人たちはまだ十八、十九歳なのに、よく人の面倒をみていますので、この様子を見てみましょう。

沼野峰は毎日のように隣に住む養父母を訪ねています。

「隠居様を見舞いお灸をすえる」「隠居様と双六を打つ」「隣へ見舞い（隣家婦人の病気の看病）」。

西谷さくは「（知人の葬式に）筵《むしろ》・膳組みを貸す。下男を手伝いにやる」「（結納のため）黒文庫、袱紗《ふくさ》（絹の小布）、風呂敷を貸す」「座蒲団、硯蓋《すずりふた》（食器）を貸す」などです。


これまで見てきたように、商家の婦人の特色は、人との交流が一般の主婦よりも圧倒的に多いことから、やはりその〝接待や贈答〟の仕事が抜きん出ており、宿泊の心得や気配り力も必要とされたことでしょう。

布買い宿である梅原家は、中山道の街道に沿っていることから、家業の他にも小規模な集まりから、僧の大会 130 人規模まで、大がかりな施設を備え、賑いがあったものと思われる。

（「摂津名所図会」より）

妻たちは奉公人の仕着せも縫う

（菱川師宣「和国《わこく》百女」より）

三　庶民の女の生業

◆江戸町家女性の生業の一位は賃仕事

既婚の女性、あるいは独身女性、または未亡人と、江戸時代に仕事に就いていた女たちは多いと思われます。特に当時は男性においても五〇代では亡くなっていたり、若くても早世したり、または夫婦の年の差が十歳ほどあるとなると、夫に死に別れる未亡人の数も多いようです。

しかし庶民の女たちの就業記録というようなものはない中で、幕府が、親に忠孝を尽くした人や、貞女などを表彰し、褒美銀を与えた記録である「孝義録」が残っています。これを資料として用い、当時の女の生業にはどのようなものがあったのかを見ていきたいと思います。

十八世紀末（江戸中期末）から幕末にかけて、幕府により表彰された江戸の町家女性の生業で最も多いのは、

一位が…〈賃仕事〉　賃洗濯・賃縫い（着物の仕立て）日雇い　他です。

一位がいろいろな職種の賃仕事であるというのは頷《うなず》けます。江戸市中では十六歳頃からもうほとんどが主婦、つまり専業主婦のため、家にいるのが主ですが、少しの時間だけ稼ぎたいとなると、やはりパート、アルバイトが主力になるのは現代も同じです。

〈賃洗濯〉というのは、武家の「梅颸《ばいし》日記」の主婦静子がやっていたように、着物は季節の変わり目にクリーニングに出す感覚であり、その時や日常の手洗い時などに、洗濯の手伝い女を雇います。〝洗濯女〟というのは絵にもたびたび描かれていますので、当時は普通のことだったようです。

〈賃縫い〉これは長屋の軒先などに「お仕立て」などの札をぶら下げ、着物を仕立てることです。これまで見てきたように、江戸の女性は料理（ご飯、味噌汁、漬物の三食）よりも、裁縫ができなければ嫁にいけなかった時代です。

けれども着物に仕上げるには技術力がいります。やはり母親や裁縫の師匠に習わなければ、仕立てられないのです。そして着物といってもいろいろなバリエーション（袷《あわせ》や綿入れ、子供着他）がありました。

当時まだ十六歳の新妻の時点で縫える着物は、単物《ひとえ》、

あるいは自分の着物が縫えればいいとされていました。また裁縫というのは習ったとしても、どうにも苦手だとか、無器用な人というのがいました。

それから近隣の村娘などで都市部、あるいは城下町に少女期に下女奉公に出ている場合なども、習う期間がないために裁縫ができませんでした。静子は女中の少女に〝まつりもの〟を教えています。

このようなわけで、年齢や個々により、その技術力に差が出たことから、着物の仕立ての需要は多かったと思われます。

この他に賃縫いで考えられるのは、〝呉服店〟の存在です。当時は現代のようにできあがっている既製服では売られていませんでした。大店でも小店でも〝反物〟で売っています。

日本橋の大店の越後屋（現・三越）では、店に仕立てのお針の人を抱えており、お買い上げの反物を〝一日で仕立てる〟というのも売りでした。これを参考とするならば、中小店でお針を社員として抱えられない店は、外へ外注として出したでしょうから、お針の上手な人は賃仕事ができたのでした。

またこの賃縫いとは別に、正社員・専門職として抱えられている〈針妙（お針）〉という職業がありました。

これは武家の奥や富裕な商家などで雇っていました。〈賃仕事や日雇い〉というのは、これまでの日記を参考とすれば、かなりあると思われます。特に現代と違うのは、儀式や成長のたびごとに行う成長の儀式（通過儀礼という）を、すべて家で行っていた点です。当然ながら祝言も葬式も内輪の集まりにも、その規模に合わせて料理作りや室礼《しつらい》が必要になるわけで、そのつど集まってくれる〝出入りの者〟が必要でした。日雇いです。

また当時のことなので、病気や難産のための母子ともの世話、乳付けの女、漬物の時期など、親戚が遠く、また地域のネットワークがうすい地域においては、やはり日雇いを頼むことになったのでしょう。

現代でも就職やアルバイトの斡旋業はなくてはならないものですが、江戸期においても口入屋を中心に、盛んな需要と供給がありました。

さて町家女性の生業で多い。

二位は…住み込みの〈女中奉公〉です。

この家事奉公は武家、商家ともにありました。その実態は日記で見てきた通りです。女の生業の一位は奉公人かと思いましたが、専業主婦が大半なので、〈賃仕事〉というのはもっともなことです。

（歌川国豊「絵本時世粧」享和２年より）

着物の仕立て（西川祐信「百人女郎品定」享保８年より）

庶民の女の人気の生業は
1位　賃洗濯、賃縫い、日雇い昔も
今も人気なのはアルバイト
2位　住み込み女中奉公

産婦のそばで赤児に胎毒下しを飲ませている乳母。
（「女文章稽古」より）

◆女の商売で多い職業

「考義録」から町家の女性の商いとして多い職業を挙げると、3種類に分けられるようです。

1　食品を扱う…豆腐、水菓子（果物）、菓子、団子、煮しめ、貝など

2　加工・細工…藁細工《わら》、刻煙草《きざみたばこ》、たどん、洗濯の糊《のり》、下駄の鼻緒　など

3　物売り（仕入れて町々を売り歩く者）…小間物売り、線香売り、枝豆売り、花売り、付け木《ぎ》売り（火起こしの時使う）

4　他…踊りや音曲の師匠、読み書き、米つき（玄米をついて白米に精白する）、按摩、水汲み手伝い、魚のえさ掘り、紙クズえらみ《ママ》、などです。

またこれらの幾つかを兼ねて仕事をしている場合も多く見られます。右の項目を見ると、女性ならではの仕事が選ばれています。たとえば何か職業に就こうという時、男の職業の場合は、商人や職人のどちらも十歳頃から丁稚や内弟子として住み込みで働き始め、一人前になるのに十年から二十年はかかります。そして女は取りませんので、男の生業に就くのは無理です。

そこで〝加工〟をしたり、軽い商品を売って歩く〝物売り〟を選んだようです。二番目の〝加工〟というのは、江戸では小店での仕事に当たります。現代では味噌やドレッシングなど、商品はすべてパッケージ済みになって販売されています。しかし当時は、たとえば小店で煙草屋の場合、店主の夫婦や奉公人は、乾燥された大きい煙草の葉を刻んで、ブレンド、袋詰めする所まで、店で行いました。また、たどん屋では、すでに丸まっているのではなく、店で材料を丸め、製造もしていたのです。ですから女の奉公人は小店で雇ってもらったのでしょう。

三番目に物売りです。男の〝棒手《ぼて》ふり〟というのは、商品を天秤棒の左右に下げて売り歩きます。蕎麦売りとか、瀬戸物の茶碗売り、野菜売り、魚売り、薪《たきぎ》売りなど、重いものもこなします。日用品であり需要も高ければ、それだけの日銭も入ったと思われます。けれども女性は軽いもの、たとえば洗濯の糊売りとか、付け木売り（昔は火打ち石なので、着火する時に使用）などを選ぶため、利益も少なくなります。そのために幾つかを兼業して、生業とする人もいました。

江戸時代には女性、老人、未亡人のような弱者であっても、生業として働ける受け皿があった点は幸いでした。

〈江戸の都市ならではの仕事〉

さて、江戸の都市ならではの仕事としては、二つ挙げ

られると思います。一つは〝女の寺子屋の師匠〟です。明治初年度の調査では、全国の寺子屋経営者の中でも女性は1％ほどですが、東京では20％ほどであり、経営者ではなくても父や夫を助けて女児に読み書きを教えていた女師匠は多かったのです。

二つめは〝女髪結い〟です。女髪結いが流行り始めたのは江戸後期からですが、幕府からは贅沢であるということでたびたび禁令が出ています。「女は自分の髪は自分で結うべきものであって、無駄な金銭を使うべきではない。遊女まがいの髪形は風俗を乱す」…という訳なのです。

しかしこの禁令はほとんど守られず、女たちには支持されて、女髪結いとして定着していきました。

〈京都の女の仕事〉

江戸中期半ばに京都で刊行された絵付きの女職業図である「百人女郎品定《ひゃくにんじょろうしなさだめ》」には女の職人と商人が描いてあり、絵も素敵なのですが、これらの職業は江戸の全国に及んでいたわけではなく、特に女の職人は京都特有のものが多いため、注意が必要です。

京都は、奈良、平安の昔から続く高度な織物産業を担ってきた地域です。一般の布地や絹地はもちろんのこと、中国からの唐物なども真似て作ってしまえるほどの、織りの技も、絞りも、どんな物でも可能な、トップの地場産業である…という前提があるからこそ、女性の職人がいるのです。ではどのような職種があるのでしょう。

職人…女工《おものし》（縫物）、しっかい屋（染物）、縮物師《しめものし》、機匠《はたおり》、組屋、鹿《か》の子《こ》絞《しぼ》り、衣屋《ころもや》（僧衣の仕立て）、麻積み（麻糸撚《よ》り）、くだ巻き、糸繰り、綿《わた》繰《く》り、綿摘み、扇折り、草履《ぞうり》鼻緒《はなお》練《ね》り、そうめん作り、粉挽きなどです。

商人…白川石売り、矢背黒木売り、大原の柴女（頭は地域名）、おちゃない（かもじ用の落髪買い）など。

他に遊女、水茶屋の女、女医者などが描かれています。

〈地方の女の仕事〉

地方の城下町の場合にも、やはり賃仕事（木綿糸、苧《お》かせなどは美濃国《くに》大垣、篠巻作りは上野国館林）、賃仕事（下野国烏山）、賃縫い、賃洗濯（陸奥国若松）、と、女性共通の仕事がトップにくるのは同様です。

しかし地方ならではの、〝地方の特産品を活かす加工業〟を生業とする女たちがいました。たとえば山形の〝写し紅花染だとか、紅花作り、椀作り、篩底《ふるいそこ》織り〟などです。

また機織りは全国的に日本の女たちの賃仕事と見て良いと思います。

料理屋の女中
（歌川国貞「江戸名所百人美女 目黒龍泉寺」より）

女髪結《ゆい》
（歌川豊国「絵本時世粧」より）

しきみ売り
仏前に供える線香も売る
（歌川豊国「絵本時世粧」より）

小間物売り
（歌川豊国「絵本時世粧」より）

奉公人口入《くちいれ》
口入は就職の斡旋業
（「今様職人尽歌合」より）

茶の湯師匠
（歌川国貞「二十四好今様美人　茶の会好」より）

枝豆売り
（歌川豊国「絵本時世粧」より）

小間物屋
造形美を作るため髪の中に入れて使う芯と推定（歌川豊国「絵本時世粧」より）

◆機織り・賃機《ちんばた》

機織りは日本の大方の地域で行われており、農閑期の農家の主婦や武家の妻も織っていました。機織りには二タイプあり、一つは自分の家族の着物を作るために織り上げます。もう一つは、その技術力を活かして賃労働をすることです。それを〝賃機〟と言っています。

この節ではこの賃機を取り上げてみたいと思います。

例として取り上げるのは尾張地方で、江戸中期末には綿作を背景として桟留縞《さんとめじま》や結城縞《ゆうきじま》（絹綿交織）などの特産地となっていた地域です。賃機として生産し収入を得るには三つの種類がありました。

〈賃機の生産の種類三つ〉

1　内機《うちばた》…家庭内で織る

2　出機《でばた》…材料や織り機を借りて織り、賃銀を受け取る。

生産額や織り機の台数で優位に立っているのは、この出機でした。織り手の多くは農家の妻で、農閑期や子育てなどの合間に織りました。尾張藩では弘化元年（一八四四）に機械一台につき年七両の税を課し、後に二両に減額しましたが、農家一件で、優に五両以上の収入を得ていました。たとえば都心の女中奉公の中働きの年季奉公は一両から二両くらいですので、賃機は高収入ということになります。

3　織り子…織り子は作業場に近隣の村々から年季奉公で働きに来た者で、契約は親であり、前渡し金も親に渡されました。〝奉公人請状〟という契約書を、雇い主に差し出します。親が決めて契約をしました。年季は七、八年と長く、契約不履行の場合も厳しかったようです。作業場（織り屋）における集団労働という形であり、中には通勤者もいました。

この織り屋での労働が行われる一方で、出機による生産の方が優位という状況は、他の地域でも同様で、北関東の足利、岡山でも出機の方が優位でした。

江戸時代後期に主要な産業となった織物業ですが、その発展を支えたのは、全国規模の女の生産力でした。当時は人口の約90％弱が農民であり、その多くの農民の妻が機織りをしているわけですから、強力な生産力となったのでしょう。それは家計を支えると共に、行動の自由をも獲得していける道でした。

〈離縁と縁切り寺〉

少し横道にそれますが、江戸時代には夫から妻へ離縁状を出すことはできますが、その逆はないのです。妻から夫へ離縁願いを出すことはできなかったのです。それでは縁切り寺として有名な鎌倉の東慶寺《とうけいじ》があるので、そこに駆け込めばいいのでは…ということになるでしょうか。残念ながらなりません。

縁切り寺は無料ではありません。それどころか莫大な費用がかかるのです。縁切り寺に入るには、三つの経済的な決まり事があります。

1　3年間寺に入る場合には「扶持料」として、妻本人は五、六両（一両＝十万円の計算で約五十万円）の費用を用意すること。この扶持料というのは本人の食事代ということになります。

2　夫がすぐに離縁に承知して入寺せずに済んだ場合も、関係者への謝礼が必要です。しかし元々が悪行のある夫だから離縁したい訳であり、大酒を飲み、仕事はせず、女がいるなど悪辣な者が多く、素直に離縁には応じず、「手切れ金」を出せなどとてこずる場合が多いようです。そのつど寺側は何度も説得したり、最終までもつれた場合には寺社奉行へ〝吟味《ぎんみ》願い〟を出すなどの経緯なので、謝礼は当然かと思われます。

3　当時の離婚は請求をした者（妻）が慰謝料を支払うことになっていました。

縁切り一つとってもこのような事態ですので、妻が縁切り寺に入りたい場合、費用は3年分の生活費六両、寺他への謝礼一～五両（個々により）手切れ金五両と仮定しても約十五両は最低でもかかったと思われます。

このような時に女に経済力があれば離縁できたし、なければ泣き寝入りです。そこで数十両も稼ぐ力があるというのは、この賃機であったと思われます。

〈機織りの年季奉公請状〉

尾張地方の織り屋で働く十代前半の少女たちは近村からの年季奉公を決めて雇われました。親が雇い主へ出した一通の年季奉公人請状の内容を見てみましょう。

1　年貢上納に困り、娘ふみを嘉永五年（一八五二）正月から八年の年季で奉公に出すこと。

2　父親は仕金として金二分（一両の半分）を受け取り、親はこの金で年貢を上納したこと。

3　ふみの給金は毎年の夏冬に一枚ずつの仕着せであること（ふみへの給金はない）。

4　年限中は国の法度《はっと》他、規則を守ること。

5　年季の途中で奉公ができぬようになったら、給金に五割の利息を付けて返済し、糸や飯料も返すこと。

6　半月以上の病気で働けない時は、年季が延びるなど。

このようなものでしたが、年季を終えて結婚した女が元の雇い主から織り機を借りて、農事や家事の少しの時間を見つけては賃機を織ると、年に三〇〇日働けば年五両の高収入になるのでした。

糸くり　機織り

（「漫画百女」より）

機業　天保初年頃、紡績、染色、織りという織物生産工程の一切を作業場で行う機業が現われた。その労働力は農村の若い女性たち。（「尾張名所図会」より）

四　庶民の女房

参考文献
・巻末資料③『江戸文化歴史検定公式テキスト［上級編］』
・竹内誠監修『一目でわかる江戸時代』

一　江戸の町のしくみと住居

江戸という大都会は、地方の藩の城下町とはまったく異なる様相を呈していました。江戸には徳川家直轄の家臣団（幕臣）の屋敷と、参勤交代による全国の諸大名の江戸藩邸二六〇家余りが集住していました。ですから幕府の惣《そう》城下町である江戸は、武士の人口が過多であり、逆に町人地は大変窮屈でした。明治二年（一八六九）の土地利用調査によれば、武家地が全体の約70％、町地15％、寺社地が15％となっています。

江戸は武都であると同時に、地方から江戸藩邸に江戸詰めとなっている単身赴任者が多く、また近隣や地方から働きに出てくる単身者も多いため、江戸は圧倒的に男性の多い社会でした。幕末にやっと女性の人口が増えるまで、中期、後期を通じて町人の人口の六〇％前後は、男性が占めていました。

また地方においては生産者としての暮らしであり、産業としては農業や特産物生産などをし、家庭においては着物、味噌、漬物、豆腐などを作っています。しかし江戸市中の人々は特殊な環境のため、生産はせず、消費都市でした。

そして江戸の町人たちはわずか15％の土地に暮らしているためか、結果として庶民の大半は長屋暮らしとなっています。

〈町屋敷と町〉

町のしくみとしては、表通りに対して幅15間《けん》（27メートル）×奥行き20間《けん》（36メートル）ほどの一区画（町屋敷）に、表通りには店賃を高く貸せる店舗が並び、その通りから奥に入ると、長屋が二棟から三棟並んでいるという構成です。この一区画は地主が持っており、地主により地形や大きさは様々です。また区画内の長屋の棟数も一定ではありませんでした。やはり江戸の中心地や水運（船）の便が良い所は高く、最も地価が高かったのは日本橋の大通りに面した一帯です。

この町屋敷が幾つも集まって〝一つの町〟となっています。

◆地主

地主は一区画である町屋敷を所有する人であり、二通りあります。自身が所持する町屋敷に住んでいる地主と、他所に住んでいる地主がいました。後期には不在地主が多くを占めるようになっていたために、その貸家を管理する大家が必要になりました。

さて、江戸の〝町人〟というのは、正式には自分の土地を持つ地主の人々のことであり、町政に必要な公約金《くやくきん》（税金）を支払っていました。そこで家や土地を借りている長屋の人々（地借《じか》り・店借《たなかり》の人々）は税金を支払わずに済んだのですが、町政には参加できませんでした。

◆大家

通常は大家と呼ばれていますが、家守《やもり》、家主《いえぬし》ともいいます。大家は町屋敷の管理を、地主から任されている人です。業務としては、まず店子《たなこ》から地代・店賃を徴収して地主に納める他、店子の転入や転出を把握するなど店子の管理全般が挙げられます。そして長屋の修理や町屋敷の運営に関する自身番屋での仕事があり、また店子が訴訟《そしょう》をする際には付き添って同行します。それから幕府から出る禁止事項や、変更された制度、奨励されることなどの法令を、店子の皆に読み聞かせるのも大家の仕事でした。

収入は地主から支給される給金があります。他に〝樽代《たるだい》〟として転入してきた店子からの〝祝儀〟が入ります。また季節の折々には店子から五節句の祝儀である〝節句銭〟も入り、さらに下肥《こ》え代も入りました。下肥えは食事の粗末な大店のものより、見栄っ張りの職人が美食していたので、肥料としては長屋の方が質は高かったようです。

町の運営は本来は地主が行うべきでしたが、朝から晩まで常に町屋敷の長屋の動勢に詳しい大家が担ってゆくようになります。そして江戸の大家には専業の人と、他の仕事を兼ねる人々がいました。

吉田伸之著『日本の近世9』によれば大家の職業としては古着商売が多く、また小間物商売、砂糖などの商いをする者の他に、木具職、大工職、かざり職など職人も多く見うけられます。大家という身分が株になって高く値が付いていたようですが、通常はその日暮らしをしている職人や小商いの人々も大家を兼業していたことに驚くと共に、経営感覚がないと務まらない職業のようです。

〔町屋敷（一区画）の広さと店賃　根津門前町（文政頃）〕

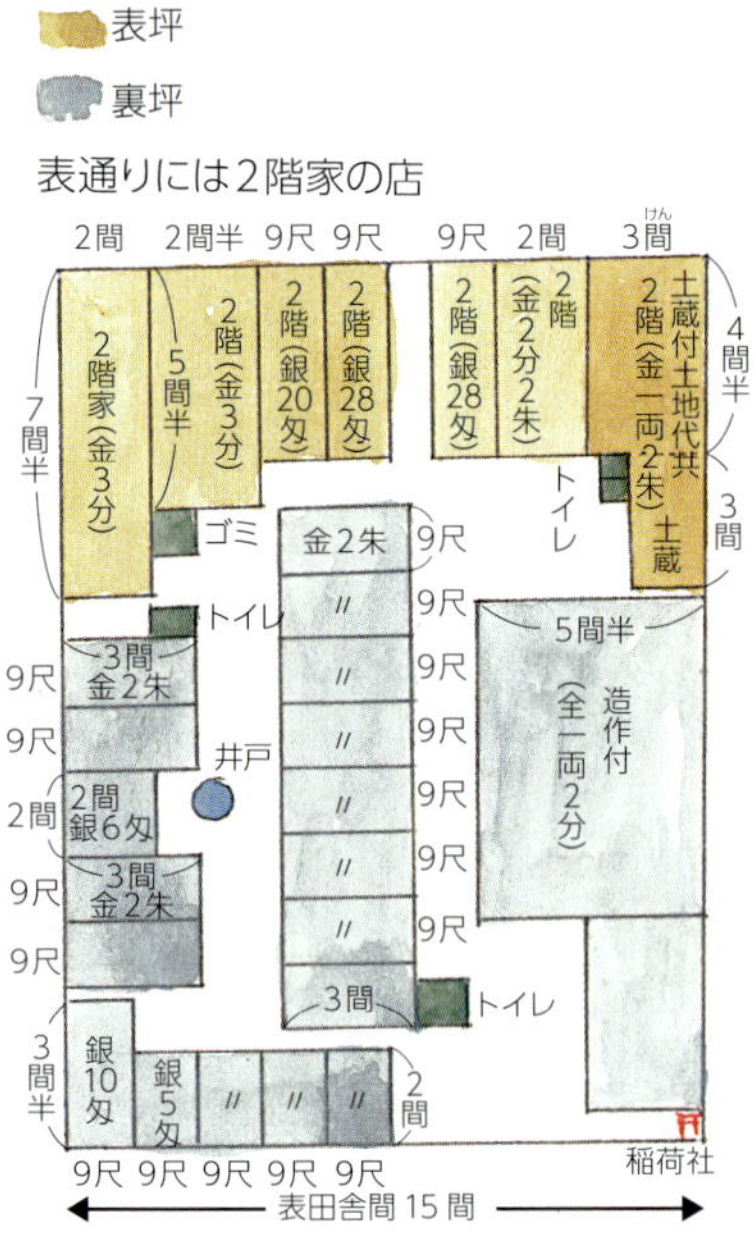

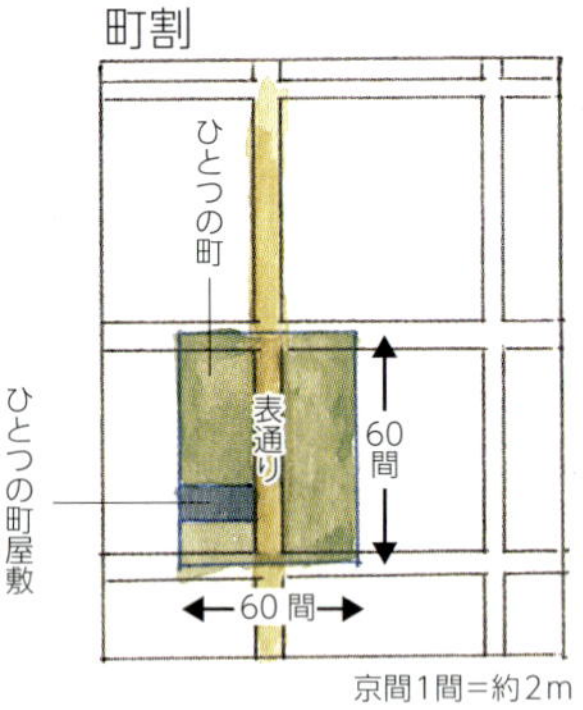

（竹内誠『大系日本の歴史 10　江戸と大坂』より）

江戸のトイレ

京坂のトイレ

江戸では扉の上半分がない（『守貞謾稿』より）

長屋の井戸

江戸市中は開削した水道の水を、井戸で汲み上げて使う。朝の洗面から野菜、魚を洗い、洗濯もここでした。
（深川江戸資料館より）

江戸の裏長屋（式亭三馬「柳髪新話　浮世床」より）

◆町を守る自警の様子

町の運営や維持にかかる税は〝町入用《まちにゅうよう》〟といい、町屋敷を所持している地主がお金を出しています。当時の町の経費にはどのようなものがあったのか、内訳を見てみましょう。寛政三年（一七九一）の南蛸町の町入用では、町の維持費（上下水、ゴミ捨て、道繕《つくろ》い、神社祭礼など）に23％、自身番屋（店賃、畳替え、炭油などの光熱費）に22％、自身番に詰める町内の書役や番人、木戸番代に15％、町火消《びけし》代（鳶《とび》の給金、衣服代や出火時の入用）が13％、幕府への負担他となっています。

さて町入用には自身番や木戸番の経費、そして町火消の経費も入っていますが、鳶人足というのは、町で抱え、町からその給金を出していました。

現代では警察や消防は国が国費を使って警備していますが、江戸の町では町人たちが町費を出して管理、自衛する〝自警組織〟でした。では次に一つの町を守る自警の様子を見てみましょう。

〈木戸番〉

60間《けん》×60間ほどの一つの町には町境ごとに木戸が設置されましたが、その両脇には木戸番屋と自身番屋が置かれました。木戸番は木戸番屋に常駐する木戸の番人です。木戸は夜四つ（夜十時）から明け六つ（朝六時）まで閉められ、毎日の木戸の開閉は大家や月当番がしました。また夜間の火の用心の夜回りもしたようです。木戸番は町雇いで、年に一両か一両二分の低い給金なので、副業としてワラジ、駄菓子、ろうそく、ほうきなどの日用雑貨、冬は焼き芋などを売ることを許されていました。住み込みで、独身や老人のひとり者が多かったようです。

〈自身番〉

自身番は交番と消防と戸籍管理などを兼ねる、町の事務所の役割をしていました。交番としては町内で捕らえられた不審者を留め置いたり、また建物の内側には捕物の道具や、消防の火消道具も揃っており、兼用の施設となっています。

自身番の建物は九尺《しゃく》二間《けん》で、狭い長屋と同じ大きさであり、間口が三メートルに奥行き四メートル。表には玉砂利が敷いてあり、その入口を囲むように柵が設けられ、柵内の右側には捕物三つ道具の突棒、さす又、袖《そで》がらみが立てかけてあります。左側には火消道具である纏《まとい》、鳶口、提灯が並んでいます。

その内部は一メートルの板の間を入ると、三畳の畳があり、ここに小机と火鉢、茶道具などがあります。その奥には板の間の三畳があり、容疑者の取り調べ用です。

外に出ると、裏から屋根の上までは梯子が続き、その先には半鐘が吊ってあり、町内の火の見になっています。

さらに三つめが町内事務所としての役割であり、町内の戸籍管理や町の算用などの事務の仕事も行いましたので、自身番屋には大家や書役のほか、番人や店子が順番に詰め（店番）、書役と番人には給金が町から支給されました。

自身番屋は各町に一か所ずつ置かれる場合と、複数の町が共同で使う場合があります。自分たちで町を守るから自身番と言い、幕府の定町廻《じょうまちまわ》り同心が、受け持ち区域の町々の自身番屋に立ち寄り、異変などを確認していました。現代でも地域によっては夜のパトロールをしたり、町の消防団は定期的に訓練をしたり、毎朝の小学生の通学に付き添ったりと、似ている部分があります。


〈町火消〉


江戸時代の消火は現代のように火を消すことではなく、15メートルほどしか水が飛ばない「龍吐水《りゅうどすい》」（ポンプ）しかないため、風下の家を壊して延焼を防ぐ〝破壊消防〟でした。

火消には三つあり、〝大名火消〟と〝定火消《じょうびけし》〟そして最も華やかな〝町火消〟があります。町火消の最初の頃は、大店の奉公人や長屋の店子《たなこ》たちだったそうですが、素人では火を怖がり、家は倒せず使いものにならないので、町家の構造をよく知り、屋根上での作業に慣れている鳶《とび》人足が、町火消の主力となっていきました。制度化は天明七年（一七八七）です。

隅田川以西の「いろは四十八組」と、隅田川以東の「本所・深川の十六組」があり、江戸の町中ではこの町火消が最も活躍しました。鳶に支払う給金や法被《はっぴ》・股引《ももひき》代などは、町が負担する町費であり、町火消は町人の自衛消防組織です。

さて町雇いの火消ですが、〝鳶〟というのは火消の専門職ではありますが、それだけをしていたわけではありません。日常は建築現場の足場を組んだり、基礎工事などの土木作業、お祭りの時の準備、年の市の飾り物売り、そして道の補修や溝の清掃、大店の主人の供など、雑用もこなしていました。

寛政九年（一七九七）の町火消の階級は、頭取《とうどり》、小頭《こがしら》、纏持《まといもち》、梯子持《はしごもち》、平人足《ひらにんそく》の五階級で、特に纏持は火がかりしている家が焼け落ちるまで、その屋根の上で纏を振らなければならず命がけでした。出動時の衣装は、刺し子の頭巾、刺し子長半纏《はんてん》に長い鳶口を持ちます。

火消は〝江戸の三大伊達《だて》男〟の一つであり、人気がありました。

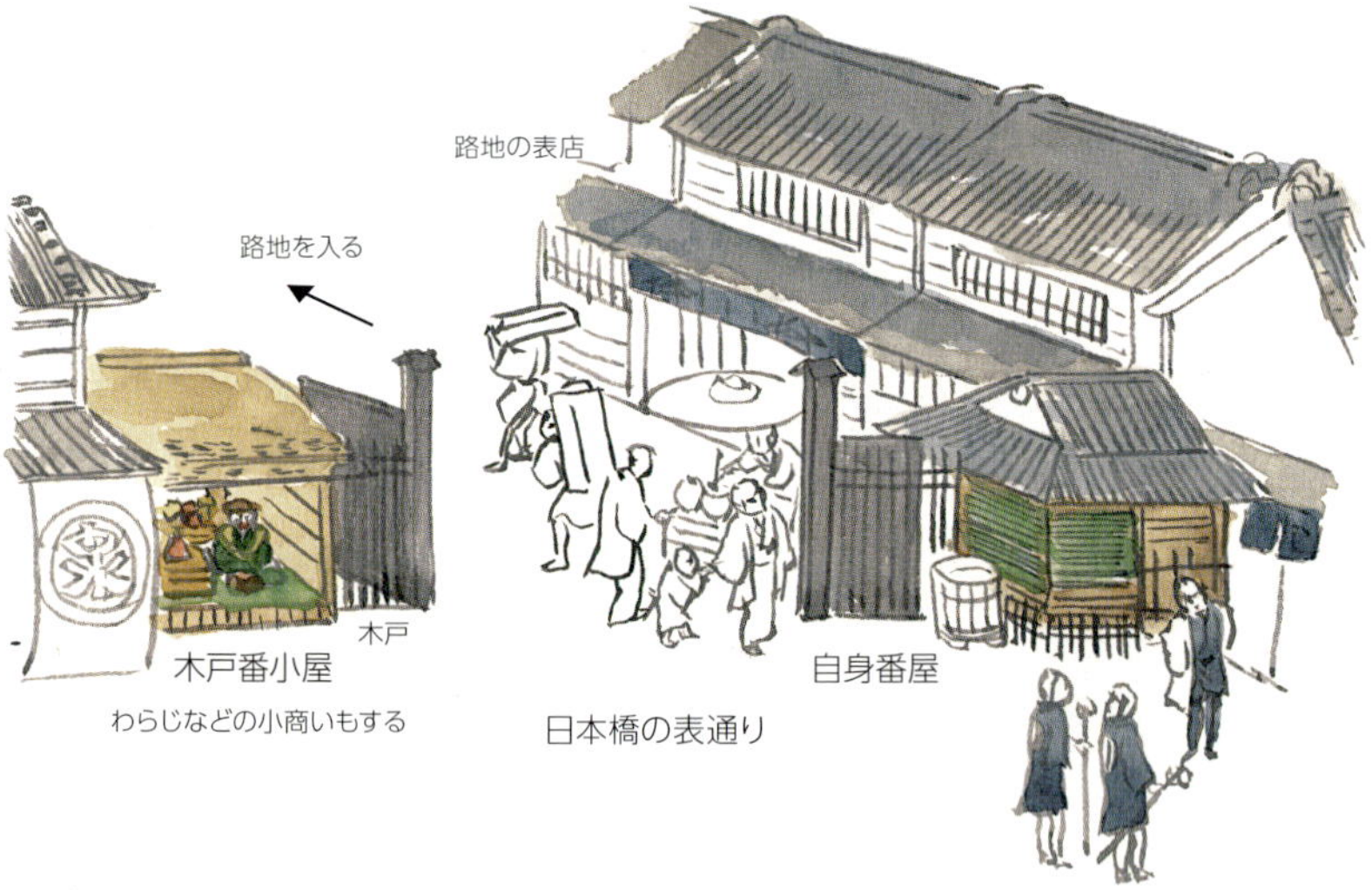

木戸番小屋と自身番屋（通称「大江戸日本橋絵巻」より）

火消（梅沢晴峨「江戸失火《しっか》消防ノ景・絵巻物」より）

自身番屋

この上に右の「火の見櫓」がつくこともある

（『守貞謾稿』、今戸栄一『捕物の世界（一）』参考）

火の見櫓《やぐら》
自身番屋の屋根の上に作られた（『守貞謾稿』より）

火の用心の夜廻りをする
木戸番（「無筆節用似字尽」より）

自身番屋の内部
（『捕物の世界』参考）

二　長屋のランク

長屋にもランクがあり、大きく分ければ五ランク程あります。基本的に表通りにある〝店兼住居で二階家〟の店賃《たなちん》は高く、その奥に建っていて庶民が住む裏長屋は安くなっています。また庶民の住む長屋には一棟が一階（平屋）建ての物と、二階建ての長屋がありました。

さらに二種類の長屋があり、一つは〝割長屋〟で一棟を五戸などに区切ってあり、居住条件は良好です。そしてこの下には〝棟割《むねわ》り長屋〟という表と裏とに分けられているタイプがありました。江戸の中心に近い所では長屋も二階建てが一般的であり、地価の高い所では上の空間も使って店賃を取る算段のようです。

次は根津門前町の一区画の家々と店賃を、ランク分けしたものです。

1　極上の住居…表通りに面し、店兼住居の二階家で土蔵付き。一階は店で二階に住んでいます。土蔵付き土地代共に店賃の月額は金一両二朱（一両三〇万円として約三四万円）。

2　上…表通りに面し、店兼住居の二階家が立ち並び、一軒ずつは少しずつ大きさが異なります。2間《けん》×4間半や、9尺×4間半などがあり、やはり一階は店で二階に住んでいます。店賃は月額金二分二朱～銀二〇匁《もんめ》（約一九万円～約一〇万円）。

店は八畳ほどの広さで床が土間や板敷になっていて、ここには八百屋とか瀬戸物屋などの日用品を扱う小商いをする店が並んでいます。この店部分の奥には四畳半程の一間《ま》があり、帳場に銭箱を置いて店番をし、その奥は細い廊下、流しとトイレ、小庭などになっています。階段を上がると二階が私生活部分であり、二部屋あります。

3　中上…表通りから奥へ入り長屋に移ります。中上の長屋は間口《まぐち》（幅）が9尺×奥行き3間《けん》（約3×5・5メートル）で、四畳半が二部屋ほどあり、土間玄関に流しとカマド、そして小さな庭が付く家もあります。店賃は月額金二朱（約4万円）。

4　中の標準…一般的な標準である9尺2間《けん》の長屋（約3×4メートル）であり、店賃は月額銀五匁（約2万5千円）。一間《ま》と土間玄関、流しを含めた全体で六畳、畳部分は四畳半となります。

〈標準長屋の室内〉

江戸の町人はこの四畳半ほどの狭さの所に、一家族が住んでいます。家具はほとんどなく、押入もなく、箪笥も大方は持っていません。家具は行灯と火鉢くらいです。昔はテーブルというものはなく、銘々が箱膳で食事を取ります。箱の中から器を出して蓋を裏返して茶碗をのせ、食べ終わったらまた中にしまいます。

押入はないので、布団はたたんで部屋の隅に置き、枕屏風で隠しました。天井近くには神棚があり、また上の方には棚を吊り、着物の収納である柳行李を置くくらいです。またその部屋に設置してあるのは、流し、水甕《みずがめ》、カマドが一つと脇に食器棚がありました。

長屋において中上である二部屋と、一部屋ではどちらの方が多かったのでしょうか。個々の地主が構成する一区画の図面によれば、一部屋の９尺２間の方が多いようです。

５　下…標準の下となるのが「棟割り長屋」です。一棟を真ん中で仕切られていて、隣のみならず裏側にも貸《かし》店《だな》があります。一戸の奥は壁となり窓も付けられないので、風通しが非常に悪く、湿気もこもるということで、ナメクジ長屋と称されています。

６　下の下…そして長屋にはこの下にもランクがありました。たとえば江戸のはずれの地域だとか、川のたもと、または日当たり、風通しが悪い家など。そして築年数が相当古く、壁は剥がれ落ち、天井や古障子には蜘蛛の巣がある劣悪の家もありました。

◆長屋の共同施設

長屋の各々の一戸にはトイレや水道は付いていなかったため、それらは町屋敷である一区画の皆で共同施設として使いました。長屋には三つ、四つ並ぶ共同のトイレがありました。江戸と上方のトイレは少し違っていて、上方のトイレの扉の板戸は天井まであり、江戸の扉は腰丈くらいまでと低く、使用中か否かがわかりました。せっかちな江戸の気風が窺えます。

そして長屋には共同の水道がありました。玉川上水は多摩川の水を、神田上水は井の頭池を水源として、地下に埋設された上水樋《とい》の水を、井戸と同様の形で桶《おけ》で汲み上げて使います。これを上水井戸といいます。本来の井戸は地下水を直接汲み上げるものなので、少し違いますが、形状は同じです。

人々はこの井戸端で野菜や食器を洗ったり、洗濯をし、ここは情報交換の場でもありました。このように長屋ではトイレや水道を共同で使い、お風呂はなく、近くの銭湯へ行きました。

上

店兼住居・二階家の長屋

極上

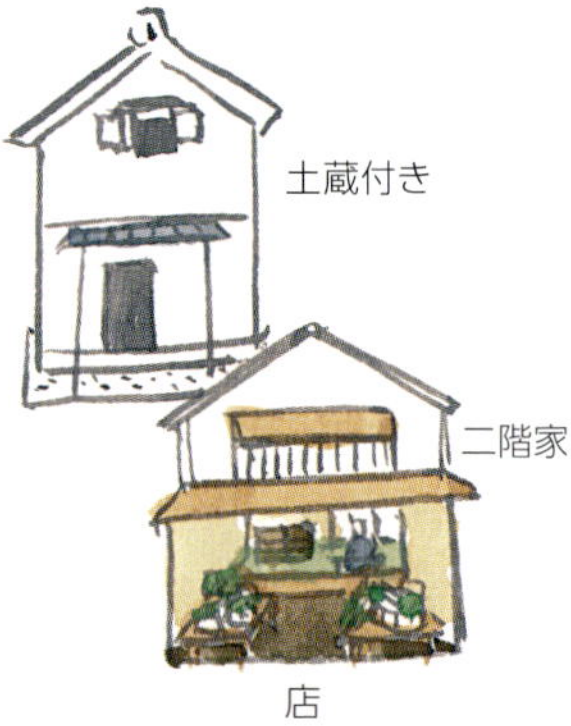

土蔵付き・店兼住居の二階家
土地・家とも借家、トイレあり

下

棟割長屋（江戸東京博物館）

B宅　職人の家（独り者）　　A宅　棒手ふりの夫婦の家

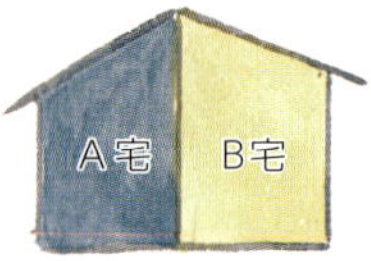

棟割長屋

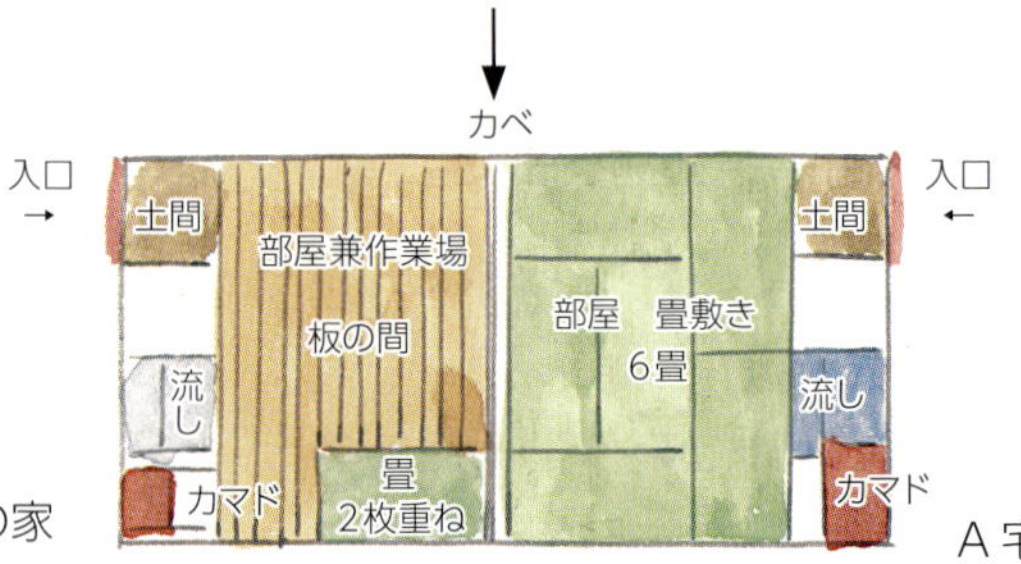

B宅　職人の家　　A宅　夫婦の家

中

全体で6畳

江戸市中に多く、一般的

一部屋
9尺2間の長屋
井戸・トイレは共同

中上

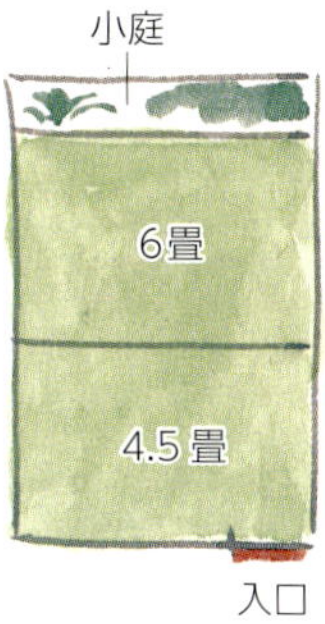

二部屋の長屋
井戸・トイレは共同

下の下

・江戸のはずれの地域
・川のたもと
・日当たり、風通し悪し
・築年数古い

劣悪な長屋内部

壁はヒビ割れ、はがれ落ち、上方にはクモの巣がある。
(「閑情末摘花」より)

三　長屋の住人

長屋には江戸の町人の約七〇%が住んでおり、江戸市中の庶民の人々です。どのような人が住んでいたのでしょうか。長屋の住人は大きく分けると七タイプほどあるようです。職人を初め、小商人や棒手ふりなどの商いをする人、師匠などの専門職、他自由人タイプなどです。

次に挙げるのは、吉田伸之「表店と裏店」(『日本の近世9』)や式亭三馬の「柳髪新話　浮世床」「浮世風呂」などを参考にした長屋の人々です。

1　職人衆…職人には出職《でしょく》(大工、左官のように外へ出て働く職人)、居職《いしょく》(具足屋、塗物師などのように室内で仕事をする職人)がいます。居職の場合は職住一緒なので、住む長屋で仕事をし、また職種により創った物を家で販売もしていました。この場合は技術者と小商いも兼ねています。

出職…大工、半人前の大工、左官、屋根葺《ふ》き他

居職…足袋職、傘職、鋳物《いもの》職、砥《と》ぎ師、錠前直し

2　小商人

商店の通いの番頭(商店では十歳頃の丁稚で入店してから、手代となり三十五歳前後までは、店に住み込みの共同生活をしました。通いというのは、一人前となり通勤を許された人です)、升《ます》商売、袋物商売、薬種屋

3　棒手ふり・肉体労働者など

日傭《ひよう》稼ぎ、日雇い、物売りは同様であり、この人たちの長屋住まいは多いです。野菜売り、魚売り、小松菜売り、姫糊売り、シジミ売り、納豆売り、櫛売り

(肉体労働者)

駕籠かき、馬子《まご》(主に人を乗せた馬を引く)

車力《しゃりき》(大八車を引いて荷物を運ぶ人)

4　専門職…料理職、手習いの師匠、髪結い、儒者、医者、俳諧師、三味線師匠、常磐津の師匠、踊りの師匠、義太夫語りの女房、尺八師匠

当時は男女共に遊芸が盛んで、江戸後期の女児は屋敷奉公をして箔を付けてから嫁入りしたいという希望から、小さい頃から踊り、三味線を習う少女が多く、それは長じて屋敷奉公をする際の採用試験でもありました。

また男性は周りに遊郭や色町などがあり、唄の一つや

二つを披露したくもあり、また花見シーズンはその芸を披露する場ともなっていました。男性たちが三味線の稽古所で女師匠に習っている姿は戯作本の絵にも見られます。それゆえに遊芸の師匠は町内に一人や二人は住んでいたようです。

5　雑民タイプ…現代よりもずっと需要が高かったのです。仏教者、山伏、修験者、灸、按摩、座頭《ざとう》、小切渡世、勇み
6　女…仕立て物など賃仕事（後家）、料理屋の三十娘、産婆、乳母、女中、子守り、山出しの女中（田舎から出てきて都会の風習に慣れていない人）屋敷下がりの女中（江戸には各藩邸があり、宿下がりして退職した女性と思われる。長屋に家族と住んでいると推定、嫁入り真近？）

この他に「浮世風呂」の女湯に登場する長屋の住人たちを紹介します。年増女、老婆、姑、嫁、子供、饒舌な女、無愛想な女、言葉に訛りのある女、文学少女、鼻欠けの年増（この人は玄人で性病を患っていると思われます）。

7　自由人タイプ…浪人、楽隠居、若隠居、西国者、上方下りのひとり者

〝楽隠居〟が長屋暮らしという背景には、たとえば大きな、あるいは中以上の店の隠居であるならば、広い土地を持ち、店兼住居の家が建っていて、隠居は代替わりして跡継ぎへ家督を譲り、自分は離れなどに老夫婦で暮らしている形と思われます。しかし長屋暮らしなので、土地と家持ちほどの身代はないものの、若夫婦に代は譲り、毎月か一括かは不明ですが、隠居料を受け取り、楽に暮らしていける気楽な身分の隠居のようです。

〝若隠居〟はどうでしょうか。二通りほど考えられます。一つは早々と若いうちに家督を次の世代へ譲り、自分は隠居料で暮らしながら絵なり、俳諧、茶など趣味を楽しみに生きている人。

二つめは逆です。若い頃から遊蕩にふけり、茶屋の支払いなどもかさみ、商家の実子にもかかわらず廃嫡され、家を追い出されるパターンです。月々の手当てなどは家から貰《もら》っている者など。

長屋の住人といっても貧家ばかりではなく、表通りには土地と家、蔵まで借りて月々十両以上も支払っている者もいて、驚きます。しかし裏長屋の方は江戸の庶民たちであり、職人や小店、棒手ふりなどのおおむね低所得の人たちでも暮らせました。しかし一区画の町屋敷の家の構成は、上から下までバラエティを持たせてあり、その人の立場によって選ぶことができました。

長屋の住人（式亭三馬「浮世床（髪結床）」より）

易者

（通称「大江戸日本橋絵巻」より）

南瓜《かぼちゃ》売り

（歌川国芳「流好御染物帳 子持あられ」より）

長屋の朝の光景（歌川国芳「絵本時世粧」より）

長屋の一軒で口寄せの最中で、皆が集まっているところ。
口寄せは巫女《みこ》が神がかりとなり、亡き人の言葉を伝えること。
（式亭三馬「柳髪新話　浮世床」より）

四　江戸の家族

江戸時代には家督は嫡子が相続し、二世代の舅姑、また他所に行けない兄弟たちが同居しており、大家族が基本です。また大都会である江戸には武家の二六〇家余りの各藩邸が集住するという特殊事情があります。さらに、江戸町人の大方が、あの狭い長屋暮らしとなると、家族の人数はどうだったのか気になるところです。

ところで江戸の武家、町人に限らず、彼らの日常の暮らしについては、一番史料がありません。現代でさえ日記など書く人は稀なのに、あの長屋の中で日記を記すはずもなく、仮にあったとしても火事や戦争で消滅しています。その点を踏まえて頂き、考えてみたいと思います。

南和男による五地域の分析によると（『江戸東京学事典』）、幕末の嘉永二年（一八四九）の江戸の山手町民の〝平均世帯人数は四人〟です。老人は少なく、子供の数も平均一・五人となっています。また編集委員・西山松之助他『江戸学事典』においても〝一戸平均四人〟と想定されています。私も一家族四人くらいだと思います。何といっても住居が狭いこと。四畳半か六畳一間では、家具がないとはいえ、行灯や火鉢、箱膳などのスペースは必要です。四畳半の場合、布団三組は敷けなさそうです。夫婦と幼児二人までの四人が限度だと思います。

この〝夫婦と子供二人〟の場合、子が成長したらどうなるのでしょう。男女児共に六歳から十歳頃までは近所の手習い師匠（寺子屋）に行き、昼間は学校に通っています。しかし男児の場合は十歳か十一歳になったら、商人になるか職人になるかの進路を決め、どちらの希望であっても親元を離れます。商人希望の子は中小店へ丁稚として入店します。また職人希望の場合でも、それぞれ左官や畳屋、櫛職人など、子が向いていそうな、あるいは子の能力などを計りながら、内弟子として、どちらも住み込みで勤め始めます。職人の場合はそれぞれの職種に序列があったようで、後期には幕府が個々の職種の基本給にあたる金額を規定しています。ちなみに一番の上職は大工、次が左官でした。

それゆえ男の子は十歳になれば、親の手許を離れていきます。それでは女の子はどうでしょう。この女児においては不明です。江戸の娘は一六歳頃になれば嫁に行きますが、その嫁入り準備が整ったとされるのは、〝自分の髪が結えることと、自分の着物は縫えること〟です。

ですから、寺子屋で学ぶ期間が過ぎたら、まず裁縫は、母か近所の上手な人などに習うと思われます。そして少女の間は親元で暮らし、早々に他家の人となっていったのでしょう。

また、少女期に奉公に出ることも考えられます。たとえば子守りとか、住み込みの女中奉公などです。何年か働いて一度親元に戻ってから結婚ということもあったでしょう。

さらに、子が大きくなってからは、片親の病気の世話や介護をしながら、息子なら棒手ふりをしながら、娘なら賃仕事などをして、いずれも仕事を持ちつつ親と暮らす人もいたでしょう。息子の場合、職人は三〇歳過ぎまで、商家でも三十五歳頃までは店舗で暮らすため、帰ってはきません。盆暮れの一日だけは近所であれば帰省できたでしょう。

次に両親の問題です。息子は見習い修業のため二十年近くも戻らない。また娘は嫁に行ったか、住み込みの女中奉公でこちらも戻らないとなると、残された身寄りのない老母はどうなるのでしょう。

これは幕府からの命で救済措置《そち》が取られるようです。中江克己著『江戸の冠婚葬祭』や前掲『江戸学事典』によれば、幕府は寛永十年（一六三三）〝五人組〟を結成するよう命じます。その職務は大家と同じといってよく、多々ありますが、現代の厚生労働省が行うような仕事も入っています。捨て子があった場合の世話、行き倒れ人の世話、そして〝身寄りのない老人〟はこの五人組が世話をすることになっていました。

五人組というと長屋住民の友達感覚のようなイメージがありますが、そうではないようです。江戸では大家が中心となって五人組を結成し、月行事《つきぎょうじ》という町用・公用業務を毎月交代で、町内の自身番屋に詰めて勤めました。職務が願書の加判や検使ほか多岐に渡るため、たぶん表店などの経営者で、大家に準じて能力が高く、また資力もある者が選ばれているようです。老人などの世話は奉公人が行うにしても、ボランティア活動でしょうから、資力がないと無理のようです。

前節の長屋の他の住人たちは、大人の男女の独身者なども大勢いますが、この人たちは大人であり皆仕事を持っている人々なので、問題はないと思えます。

㈠㈡では地方の町における武家や商家の妻を見てきました。皆、奉公人まで含めた大家族です。それに比べて江戸の町人、庶民は〝核家族的な特殊性〟が窺われます。

水無月（六月・現七月）

子を行水させているところ。
上部の燈籠などは水無月を代表する物。
（歌川国貞「風流十二月ノ内　水無月」より）

〔江戸の一般的な長屋の家族〕

子をあやしているところ。
（版本より）

長屋の家族（「閑情末摘花」より）

職人一家の昼食で、食べているのは芋がゆ。この家の他の常食は、きらず（おから）めし、おから団子など。　（「竈の賑ひ」より）

手習いを終えて帰ってきた子供の昼食。飯と汁と漬物だけの質素なもの。
（「地口絵手本」より）

五　江戸の食事

◆食事作り

一二では地方の藩の武家婦人の生活や、地方の商家妻女の暮らしぶりを見てきました。どちらも大家族であり、また奉公人と共に暮らす大所帯です。武家婦人は機織りと着物作りが仕事のようになっており、商家の妻女もまた、家族や奉公人への支給である仕着せを縫わなくてはならないので、裁縫をしながら店も手伝うという状況でした。

そこで毎日の食事作りは主に女中が行っています。主婦たちは特別料理の時や、子供の成長を祝ったり、行事の祝宴、来客時の御馳走、そして酒の肴などに腕を振るったようです。

では江戸の女房たちはどうでしょう。まず大家族ではなく、四人前後の核家族です。そして奉公人はいません。この江戸庶民の家族の構成は、現代の私たちとなぜか似ています。

そこで江戸の女房たちは、家事はすべて自分でやることになります。家事の重要度は食事作り、縫物、洗濯、掃除の順でしょうか。奉公人のいる家とは異なります。それでは食事作りから順に見ていきましょう。

元禄の頃までは食事は一日二食が中心で、それ以降一日三食となっていきました。江戸でご飯を炊くのは三食のうち朝の一回だけですが、なにしろその準備が大変です。水を井戸まで汲みに行き水甕を満たしたら、火打ち石で火を起こし、それをすばやく付け木（薄い板の先に硫黄を塗った物）に移し、薪《たきぎ》を燃やして、カマドでご飯を炊きます。この火起こしは大変で、梅雨時や雨など湿気の多い時や、石が摩耗している時には付きが悪かったそうです。そこで火打ち石を天日に干したりしています。

江戸時代後期の食事は喜田川守貞著の『守貞謾稿』によると、江戸においてご飯を炊くのは朝一回だけです。

朝…炊いたご飯、味噌汁、漬物
昼…冷や飯、茶、野菜か魚
夜…冷や飯の茶漬け、漬物です。

副菜は家によっては多く付けた家もあるでしょうが、大体はこれが基準と思われます。ただし江戸の人々は副菜が少ない代わりにご飯の量が多く、武士の奉禄（給料）や小伝馬町の囚人にしても〝一人一日五合〟の計算です。

現代人では食べきれない量です。

そのご飯ですが、江戸の場合は「白いご飯」が食べられました。これが特色です。

地方や農村では主に雑穀や芋類が主食でした。普段は麦が九に対して米一を混ぜる混合米だとか、麦飯が一般的です。すりおろした山芋に味噌汁を加えたとろろ汁を麦飯にかけて食べたりもします。また日頃口にするのは「糧飯《かてめし》」といって混ぜご飯で、大根、さつま芋、アワ、ヒエ、キビなどを加えて少ない米を増量させる炊き込みご飯でした。

農民にとって米は税として納めるものであり、米だけのご飯を食べられるのは限られた日のみでした。お正月には御馳走である餅でした。このように江戸と地方では、ご飯に差があったのです。

〈江戸のつき米屋〉

つき米屋とは、茶色の玄米を杵《きね》でついて精白の白い米にする職業であり、米と糠《ぬか》とを振るい分けます。江戸にはよくある職業で、裏通りの小店などで板の間の床に臼を設置し、上から杵でつく精米機を二台置く所もあります。玄米をつき終わってできた白米が桶に入れられ軒先に並べられており、この様子は東京の深川江戸資料館で見ることができます。

さて白いご飯を食べることができた江戸ですが、白米だけを多量に（副菜は少ない）食すことから、江戸だけの奇病〝江戸わずらい〟を起こすことになります。体調が優れず、精神的に不安定になり、足はむくみ、動悸がし、ついには寝込んでしまいます。

参勤交代で江戸詰めとなった武士や、豊かな町人の間で流行し、故郷に帰ると治る病です。しかしこれで亡くなる大店の丁稚たちも毎年いました。当時は原因不明でしたが、ビタミンB_1が欠乏した脚気《かっけ》の症状でした。

元に戻すと、夕食は冷や飯の茶漬けに漬物と簡素です。または冷や飯に青菜、豆腐などを加えて醤油や塩で味付けした雑炊もありました。朝食の風景としては、女房は五時半頃には起きて火を起こし、ご飯と味噌汁作りにとりかかります。この朝食作りの六時頃には、長屋の路地の裏々に、シジミ売りや豆腐売り、納豆売りの棒手ふりがやって来ます。職人など少し身入りの良い人たちは、朝食に納豆を加えました。

ご飯が炊き上がり、味噌汁の湯が沸騰する間に、女房は髪を結い、お歯黒を付けて、身支度を整えます。

蓋を裏返して箱の上にのせて使用
（深川江戸資料館より）

箱の中には個人用の食器が入っている
（飯茶碗、お椀、箸《はし》）

井戸端で米を研いでいる
（「地口絵手本」より）

（つき米屋の店内）

ついて白米に
なった米

ここに人が立ち、足踏みして使用

江戸のつき米屋

つき米屋では杵《きね》と臼《うす》を用いて玄米（殻は茶色）から白米にした。他に右のような精米機を使った。（深川江戸資料館より）

豆腐売り
（「江戸町中世渡集」より）

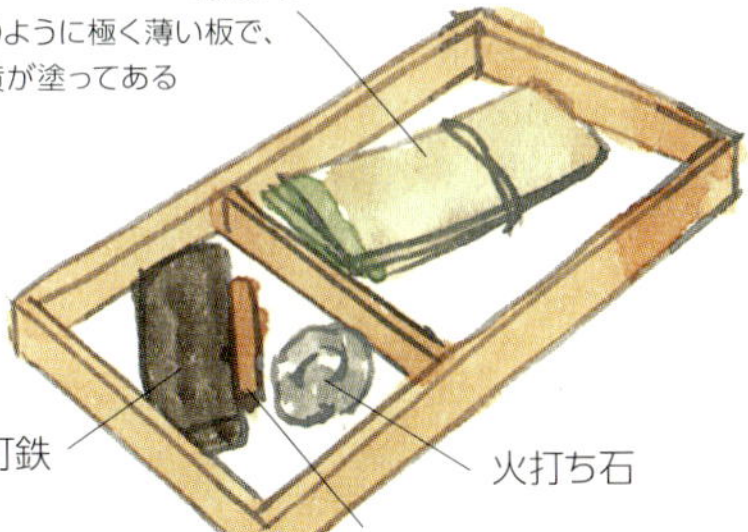
付け木
鉋《かんな》クズのように極く薄い板で、
先に硫黄が塗ってある
火打鉄
鉄

〔火打ち道具（火口《ほくち》箱）〕

火打ち石と火打鉄を打ち合わせて出た火花を、付け木に移して使用。火を作るのは難しいので、小さな炭を種火として火鉢の灰の中に埋めておいた。

納豆売り（「江戸町中世渡集」より）

◆ご飯の友

江戸時代の食事は現代とは異なり、おかずは添え物のようになっていますが、当時は〝ご飯が主役〟の時代でした。現代は〝おかずが主役〟です。おかずといっても、昔は和風のみであり、現代では多国籍料理となっています。そして昔は料理器具といったらカマド一つしかありませんでした。食事をする、食事を作るという風景は、現代とはまったく違うことが想像されます。

またどのようなものを食べていたのか気になるところです。次は江戸のおかずの世界を見ていきたいと思います。最初にご飯とも相性が良く、毎食これだけがおかずともなっていた、漬物です。

〈漬物〉

漬物は昔からありそうな気がしますが、普及し始めたのは意外に遅く、江戸時代後期以降のようです。もっとも調味料の砂糖や、現在使われている濃口醤油も後期からなので、現在の食生活の土台となっているものは、この江戸後期に集中しています。

江戸の漬物はたくあんや、梅干しが挙げられます。〝たくあん〟は糠《ぬか》漬けであり、当時は〝糠味噌漬け〟と呼ばれていました。精米時に大量に出る糠を活用したためとも言われています。

たくあんは生干し大根を塩糠で漬けたもので、江戸の武家や大店では練馬村の大根農家に注文し、漬け上がったものを買っていたようです。庶民の方でも美味しいと人気があり、江戸の後半には広く普及しました。昔は薬として使われていた〝梅干し〟が庶民の食事に登場するようになったのも、江戸時代後期です。この頃から赤紫蘇を入れて色を赤くしていました。一方、薬としても用いられ、医療が整っておらず、煎じた飲み薬しかないような当時においては、疫病や病気の予防として、また頭痛薬としても食されました。

それから江戸の漬物として有名なものに〝べったら漬け〟があります。生大根を塩で下漬けしてから、米麹、砂糖などを加えてあります。ほんのりとした甘みと、柔らかいのにコリコリとした歯ごたえが評判を呼び、名物となりました。毎年十月十九、二十日に、日本橋大伝馬町にある宝田恵比寿《えびす》神社の祭りに合わせて開かれる〝べったら市〟が有名です。これは江戸時代中期からあるそうですが、現在も賑わいを見せる人気の市です。

これらの漬物は江戸の末期になって店売りが始まり、ということは、それまでは手製のたくあんや、梅干ししかなかったということになります。漬物作りは干したり、大きな桶を置くなど広さが必要ですが、長屋などの狭い住居で実際に漬けたかどうかは不明です。

〈佃煮〉

白いご飯の友であり江戸名物といえば佃煮があります。小魚や貝類を醤油で甘辛く煮詰めたのが佃煮です。江戸時代、隅田川河口の佃島の漁民が、海の時化《しけ》で食料に困った時の保存食として、また夏でも腐らない副食として作りました。最初は湾内で捕った雑魚《ざこ》を塩辛く煮詰めたのが始まりで、その後塩から醤油へ変えてゆきます。

この醤油には特色があり、当時は上方で作られた薄口醤油が一般的でしたが、後期には千葉の銚子や野田で新しく濃口醤油が開発され、江戸ではこちらの方が人気となりました。佃煮はこの濃口を使ったようであり、白魚やハゼ、小エビなどを煮詰めたところ、日持ちが良く濃厚な味が庶民に愛されました。その後、後期にはみりんや砂糖が出回り始め、さらに甘辛い味へと変化し、江戸名物となりました。

〈海苔〉

ご飯には欠かせないのが、磯の香りとパリパリした粋な食感の海苔であり、庶民の日常食となっています。

自然の海苔は、岩や流木に付着したものを採取して乾燥させていましたが、養殖は江戸時代初期に始まります。

海苔は晩秋に現われて、冬から夏にかけて成長し、初夏には消えてしまう海草です。波が静かな海面と、干潮の具合もあり、海水と淡水が混じり合う河口が最適とされています。江戸前の海はこの海苔の養殖に適しており、最初は隅田川河口付近で始まったと言われています。その後元禄時代には、養殖は大森、品川へと移っていきますが、浅草界隈で売られたことから〝浅草海苔〟と呼ばれるようになりました。

初めの頃は一部の上流階級しか食べることができませんでしたが、養殖されるようになり、収穫量も増えると、庶民の食卓にも上るようになりました。味が良く、軽くて保存もきき、価格も手頃であり、江戸の名産品となっています。

一方、後期には江戸前の魚を活かした〝にぎり鮨〟が創案されましたが、この時に様々な具材を芯にしてご飯を巻いた〝海苔巻き〟が屋台を中心に大流行しました。『守貞謾稿』には八種のにぎり鮨として、干瓢の海苔巻きと、コハダ、刺身、白魚、アナゴ、太巻き、玉子巻き、玉子が描かれています。

これらのご飯の友は、現代でも愛され続けています。

町家の家族の食事

両親は木具膳、子供たちは塗り物膳を使用している。汁椀は見えないので、粥《かゆ》と漬物の他に一品のみの簡素な食事。

（「日ごとの心得」より）

「品川」に描かれている海苔を干す女たち。

（葛飾北斎「東海道五十三次・品川」より）

商家の台所

多くの奉公人がいる商家の台所。内井戸や多くの焚き口がある竈がある。

（「都鄙安逸伝」より）

飯を蒸《む》らす

炊いた飯はしばらく蒸らしてから櫃《ひつ》に移した。薪《まき》で炊く飯は焦げやすかった。

（「地口絵手本」より）

汁を作る

烏賊《いか》、鰡《いな》、河豚《ふぐ》などをさばいて汁を作っている。日常の汁は味噌仕立てが多く、二種類の味噌を混ぜ合わせて、すり鉢ですり漉《こ》して用いた。

（「地口絵手本」より）

◆庶民の台所

九尺二間の代表的な長屋の六畳のうち、畳部分は四畳半であり、残りの一畳半が台所と玄関の土間です。

台所にへっついとも呼ばれるカマドと、水甕《がめ》、流しが備わっていました。カマドの焚き口は、独身者は一口、夫婦や家族持ちは二口ある場合が多く、煮炊きにはカマドを用い、魚を焼いたり簡単な煮物には七輪《しちりん》を使いました。七輪は持ち運びできる小型の土製のコンロで、中に炭火を入れて用いますが、魚を焼く時などは煙が出るので、外に持ち出して使いました。

カマドの場合の燃料は薪で、火吹き竹（長さ約三〇センチの竹筒）を口で吹いて風を送り、七輪の場合は団扇で煽ぎながら火加減を調整します。そこで現代の炊飯器のように放っておくことはできず、火の側を離れずに火加減を見る必要がありました。

火打ち石と火打ち金《がね》を合わせて火花を散らす火起こしは、面倒な作業でした。そこで当時は火種を絶やさないように、火鉢などの灰の中に火種を埋めておきました。

炊事用の水は共同井戸の水を使います。ここで米を研ぎ、野菜を洗い、魚をさばきました。ですからここが流し場であり、準備段階はここで終わらせているようです。井戸から各戸まで水を運ぶ手間を省いていて、それだけ大変だったのです。

〈台所の器具〉

当時の台所の器具というのは、カマドと七輪、火《ひ》吹《ふ》き竹《だけ》、すり鉢、まな板、包丁、桶、ざる、しゃもじ、おろし金《がね》、洗い用のたわし（ワラ）などが一般的です。カマドは通常土で作られており、ひび割れがしてくると、カマドの修繕屋が廻ってきたので、塗り直して使いました。

次に江戸時代のおかずについて考えてみましょう。

◆庶民のおかず番付け

江戸のおかずの料理番付けというのがあります。料理のランキング表です。「日々徳用倹約料理角力取組」の番付表で、当時人気があったおかずを見てみましょう。

〈精進の方〉野菜	〈魚類の方〉
大関・八杯豆腐《はちはいどうふ》	目刺しいわし
関脇・昆布油げ（油揚げ）	（貝の）むき身切り干し
小結・きんぴらごぼう	芝海老から煎り
前頭・煮豆	鮪空汁《まぐろからじる》（鮪だけの味噌汁）
前頭・焼豆腐吸したじ（焼豆腐を実にした吸い物）	小はだ大根

前頭・ひじき白和《あ》え　イワシ塩焼き
（ひじきの煮物と砕いた豆腐を和えた）　鮪《まぐろ》すき身
前頭・切干し（大根）煮つけ　（薄くそいだ切り身）
前頭・芋がら油げ（油揚げ）　塩鰹《かつお》
前頭・油揚げつけ焼き　ニシン塩びき
前頭・小松菜ひたし物

精進の方で人気があったのは〝豆腐料理と乾物〟です。〝豆腐や焼豆腐、油揚げ〟を使った料理は、十品中六品に使われています。単独で使ったり、白和えにしたり、他の素材と組み合わせています。豆腐類は何と言っても王者の風格です。次に〝乾物〟を使っているのも特色です。昆布や豆、ひじき、切干し大根、芋がらが登場しており、これらは水で戻してから油揚げなどと組み合わせて、煮物などにしています。これらの食品は腐りやすいので、いったん保存食にしてからの方が、日持ちもして使いやすかったのだろうと思います。

魚は月に三度食べられればいい方だと本で読んだことがありましたが、実際は違っています。安価で下魚と言われるような魚、たとえばイワシ、コハダ、ニシン、マグロ（当時は高級魚ではなかった）、貝などを常食としていたようで、これなら手頃感があります。また日本は仏教国で肉類一切が禁じられていたため、魚や豆腐は貴重なタンパク源でした。魚の調理方法としては、焼魚が半分を占めて多く、他は煮魚、刺身、煎《い》る（具材の汁けがなくなるまで鍋を動かす）とか、味噌汁に入れています。

現代に比べると野菜の種類が大変少ないです。そして冷蔵庫がない分、漬物や、乾物などの保存食に置き換えてからとっているようです。また肉が食べられない分を、豆腐や魚で補い、いろいろな調理方法で目先を変え、バラエティの豊かさも感じられます。魚は冷凍技術がない分、塩漬けが多いのも特徴です。

調理器具としては鍋と魚焼き網しかありませんが、昔の人たちはよく工夫して、食事作りをしていました。

さて、明治から現代にかけて料理の世界は一変します。まず洋風化の一途をたどり、最初は肉が解禁されます。調理方法も炒め物、揚げ物、煮物、焼き物、オーブン焼き、鍋物、蒸し物、和え物と多様化し、またチャーハンや親子丼などのご飯物、パン、麵類、スープなどの汁物と数えきれないほどです。また現代の料理は、欧米、イタリア風、中華風、アジア風と多国籍料理へと広がりを見せています。江戸時代には裁縫が嫁入り準備の第一とされましたが、現代では料理が第一へと変わっています。

飯を炊く
飯を炊く時は水加減と薪《まき》・たきぎの加減とが大事。
当時の料理書による炊き方のコツは「初めちょろちょろ中ぐんぐん、沸《ふき》ての後は少し緩めよ」。
（「地口絵手本」より）

たわしを使い流しで釜《かま》を洗っている。
当時の流しは現代のように立つのではなく、座り作業。他図も参照。
（「地口絵手本」より）

魚を七輪《しちりん》で焼いている。
形良く仕上げるため串を打ってある。
（「地口絵手本」より）

〈台所道具〉　（歌川国輝「勝手道具つくし」より）

◆江戸の食材

前項では江戸の人々に人気のあるおかずを取り上げました。この項では江戸の食材はどのようなものが出廻っていたのか、またその調理法を垣間見つつ、江戸の家庭の食事情を見ていきたいと思います。

〈江戸近郊でとれた野菜〉

練馬大根　滝野川人参　小松菜
亀戸大根　滝野川牛蒡　早稲田みょうが
駒込茄子《なす》　砂村胡瓜《きゅうり》　谷中しょうが
砂村茄子　砂村ネギ　吉祥寺うど
寺島茄子　千住ネギ　内藤新宿カボチャ
雑司ヶ谷茄子　雑司ヶ谷カボチャ
千住茄子、三河島菜（白菜）　鳴子《なるこ》ウリ（新宿付近）
居留木橋《いるきばし》カボチャ（品川）　目黒の筍
本所ウリ　田端白ウリ　中川そら豆

江戸の人口増加に伴い、近郊の農村では野菜の生産量も増えていきました。江戸湾に近い東の低地ではセリ、蓮根《れんこん》、ネギ、胡瓜、菜物などを、西の武蔵野台地では大根、人参、牛蒡などの根菜類が主に生産されました。

江戸のブランド野菜としては、練馬大根、小松川の名前を冠した小松菜、早稲田みょうが、谷中しょうが、砂村茄子、滝野川人参、柿（江戸一）などがあります。文政七年（一八二四）刊の「武江産物志《ぶこうさんぶつし》」には豆類も含めると五十種類以上の野菜の名が挙げられています。

これらの中には当時、各地から江戸へ移住した人々や、参勤交代の諸大名が国許から持ち込んだ野菜類が、根づいていった物もあります。江戸へ向けて野菜を出荷する地域は、中期以降には江戸から約30キロの範囲であり、江戸中心部への輸送には水路が使われています。葛西方面からの野菜の出荷は、江戸を代表する青物市場である〝神田市場〟へ送られました。他の市場には千住市場、駒込市場があります。野菜の調理法としては、毎食の味噌汁に入れたり、煮物や和え物、おひたし、酢のものなど、幅広く使われています。

《江戸前の魚》

江戸の魚といえば江戸湾で獲れた新鮮な魚を指す〝江戸前〟で有名です。「武江産物志」によれば江戸湾で獲れる魚は、鯛《たい》、スズキ、ボラ、カレイ、コハダ、アナゴなどの他、貝類や海老類も獲れ、これらの魚を使ったにぎり鮨は、つとに有名です。次に挙げるのは江戸で食された、あるいは獲れた主な魚です。

〈海魚〉

鯛　カツオ　マグロ　平目　カレイ
秋刀魚《さんま》　イワシ　ニシン　スズキ　ボラ　イナダ
ギス（シマダイ）　アイナメ　メバル　ハタ　カサゴ
イシモチ　イサキ　アジ　オコゼ　サバ　コハダ
キス　サヨリ　白魚　ハゼ　フグ　タコ　アナゴ
芝海老　シャコ

〈川魚〉
アユ　コイ　フナ　ハヤ　ヤマメ
ウナギ　ドジョウ　ナマズ　スッポン

〈貝〉
シジミ　ハマグリ　アサリ　バカ貝

これらの江戸前の魚の他に、日本橋の魚市場には、各地から魚荷を満載した押送船《おしおくりぶね》が、速足でこぎつけました。

〈魚の調理法〉
魚の調理法にはどのようなものがあるのでしょうか。まず挙げられるのが、江戸の人々の生食《なましょく》文化です。当時は交通手段が遅いため、魚類は地元である漁村集落でしか手に入りませんでした。ですから内陸地であれば魚と言えば〝塩漬けか塩干し〟のものが普通でした。

そのようななか、江戸も末期になると生食である〝刺身〟が、一般に普及するようになります。関東ではカツオ、マグロ、ヒラメなどが好まれ、儀礼用としては鯛が用いられています。

そして「素人庖丁」などの料理書には、雑魚と呼ばれる小さい魚である、秋刀魚、イワシ、小海老、などの記載があります。これらの魚は主に〝焼魚・煮付け・鍋料理〟として食されました。

また幕末頃には、蒲鉾《かまぼこ》、はんぺん、竹輪《ちくわ》などの練り製品も作られています。

天武天皇の古《いにしえ》より日本では獣肉が禁忌《きんき》とされてきましたので、江戸の人々のタンパク源は魚と野鳥と玉子でした。野鳥類は鴨《かも》が好まれ、汁、刺身、膾《なます》などに調理されています。鶏肉は古来神聖視されていたため食べる習慣はありませんでしたが、江戸後期になると、江戸では〝しゃも〟と呼ばれて食されるようになります。

〝玉子料理〟は江戸中期頃には贅沢品でしたが、庶民にも身近になったのは、幕末に鶏肉問屋やゆで玉子売りが登場して以降となります。

野菜は現代のように洋野菜をも含めた多品種の状況とは異なりますが、江戸近郊では菜物、根菜類が充実していました。そして江戸前の魚があります。江戸の家庭料理は和風のみで、肉は禁食であるし、ご飯が中心という、現代とは大変異なった食事でした。

日本橋の表通りの道に、野菜を並べて売っている。奥に立ち並ぶ店の方にも八百屋が見える。
（「通称・大江戸日本橋絵巻」より）

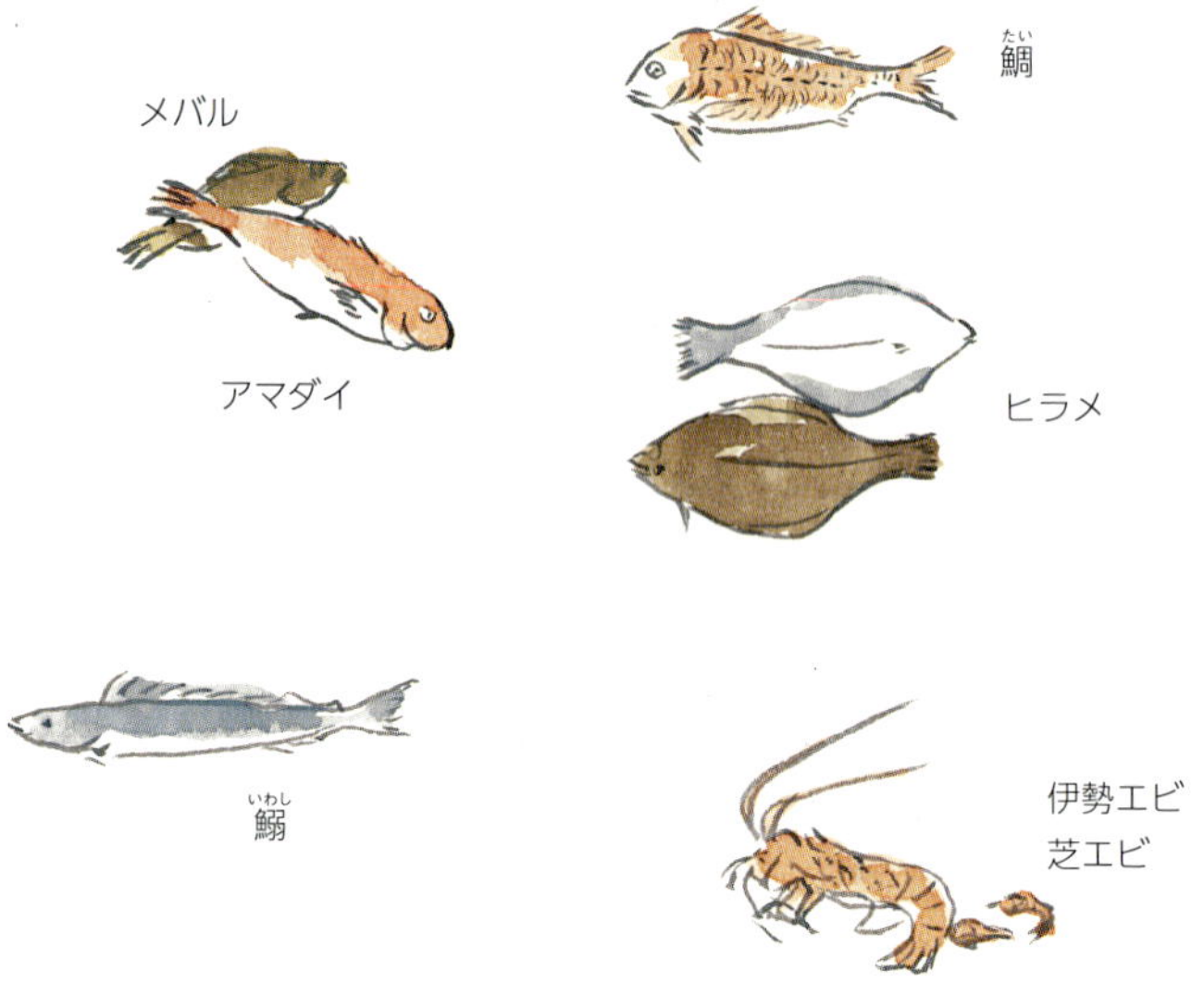

江戸の魚市で見られた魚
（歌川広重「魚づくし」「鳥獣魚写生図」より）

〔江戸近郊でとれた代表的な野菜〕

砂村茄子

ウド

居留木橋カボチャ

目黒の筍

亀戸大根

練馬大根

谷中しょうが

三河島菜

マクワウリ

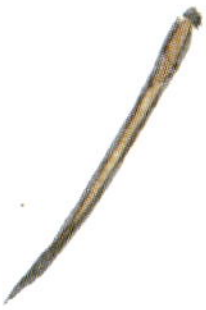
滝野川牛蒡《ごぼう》

滝野川人参

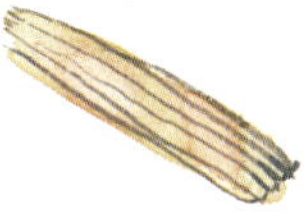
早稲田みょうが

柿（江戸一）

（東京都農業試験場所蔵の細密画他）

六　洗濯と掃除

江戸庶民の主婦の家事といった場合、食事作りと縫物の時間が多くを占めました。江戸庶民の場合には、武家や商家と違って奉公人の仕着せまで整える必要はありませんが、家族の着物を作ります。

　次に、掃除と洗濯を見ていきたいと思います。江戸時代の掃除といった場合、少しの特色が見られます。一つは身分層により掃除をするスペースに格差があることです。武家屋敷であれば屋内も広く、また庭も広いため、菜園や飛び石、池、垣根などの手入れ、また年中の庭の草取りも必要になります。また下士の足軽長屋でさえ三、四部屋はあり、商家も店を含めて四部屋ほどはあります。一方、江戸の長屋の一戸は四畳半か六畳なので、掃除はすぐに終わってしまいます。

　二番目は木造家屋であることです。畳や障子の桟《さん》・板の間、縁側が掃除の対象となります。三番目は現代の掃除は家電ですが、昔は手作業となります。

〈掃除〉

　掃除の方法は、上の方からハタキをかけて、ほうきかけ、水ぶきという手順でした。ハタキのはたく部分は、捨ててもいい和紙などを縦に細かく切って束ね、手作りしました。

　〝ほうき〟は屋内用・土間用・庭用と三種類ありました。

屋内座敷用…藁《わら》、もろこし、ほうき草《ぐさ》などの草ぼうきは、
　　座敷用
土間用…スベ（藁《わら》の芯）、しゅろ、など
庭用…竹ぼうき

とされていました。

　棒手ふりの箒《ほうき》売りなども長屋には廻って来ましたが、長屋や農家では手作りが多いようで、竹やほうき草を束ねただけのものを各自が作り、短いので背をかがめながら掃除をしました。

　商家や町家では、毎朝必ず掃除をしましたが、農家の場合は必ずしも毎日ではありませんでした。また奉公人のいる家での掃除をする人は、下女であったり、下男や息子、内弟子など男性であったりして、家により異なります。縁側は水ぶき・ぞうきんがけです。

〈洗濯〉

　中世までの洗濯は、川や泉、井戸の側《そば》で平らな石の上

に洗濯物をのせ、柄杓《ひしゃく》で水を掛けながら足で踏み洗いをしていました。

江戸時代になると洗濯方法はがらりと変わります。まずそれまでの着物の生地は、麻や樹木の繊維による硬いものでしたが、江戸中期に登場した新素材である木綿、つまり柔らかい生地の登場により、洗い方を変える必要が生じたのです。

次に桶《おけ》を作る技術（結桶《ゆいおけ》）が普及し、大きな盥《たらい》の出現で、手洗いが可能になりました。木綿という生地は、肌なじみが良く、柔らかく、温かいという特徴があります。しかし洗濯の面から見ると、汚れを吸収し、汚れが定着しやすく、弱い繊維なので、足踏み洗いには不向きです。むしろ水に浸《つ》けて汚れを浮かし、揉みだすほうが適しているため、〝盥での手もみ洗い〟へと変化しました。

当時、洗濯板はまだありません。

〈洗い方と仕上げ方法の三通り〉

1　水洗い（丸洗い）…下着類や単《ひとえ》（一枚着）の麻や木綿の着物は、物や質により、盥に水をはり、手でジャブジャブ洗います。単の着物を水洗いするのは、当時は雑な方法と思われていました。

2　洗い張り（解《と》き洗い）…袷《あわせ》（裏付き）や、冬の綿《わた》入れの着物をほどいて布片にして、盥で水で手洗いをしたら、糊を付けて、布を板戸（雨戸）に張り付けて乾かす方法。→乾いたら、この布片をまた着物に縫い直します。

3　伸子《しんし》張《ば》り（解き洗い）…絹物の着物をほどいて布片にしたら、反物幅に縫い合わせて反物の長い布にし、伸子という竹ひごで布を湾曲させて張って干す方法。→後に着物に縫い直す。

〈洗剤〉

手揉み洗い用の洗剤としては、灰汁《あく》、無患子《むくろじ》（果皮を煎じた液）、さいかちの実、米糠、米の研ぎ汁、など。〝糊《のり》づけ〟をして着物を少し硬《かた》めにパリッと仕上げるには、糊売りが売る糊を使いました。

〈家庭の洗濯回数〉

通常の水洗いの他の着物の洗濯（ほどいて干す）の方は、先の四つの日記によれば、季節の変わり目などに行います。また大きな物を溜めておいて、盥で水洗いする時には〝洗濯女〟を臨時に雇うこともあります。洗濯女は江戸市中にも地方にもいて、臨時雇いのパートです。

そして洗濯技術者として商売をしているのが染物屋などの男の〝洗濯屋〟で、一切の汚れ、しみ物を、様々な薬力をもって洗い落とすとあるので、まさにクリーニング店でした。

中級以上の家での家事の様子
真中にはまな箸《ばし》を使って魚をおろすことのできる女中がいる。
（「女寿蓬萊台」より）

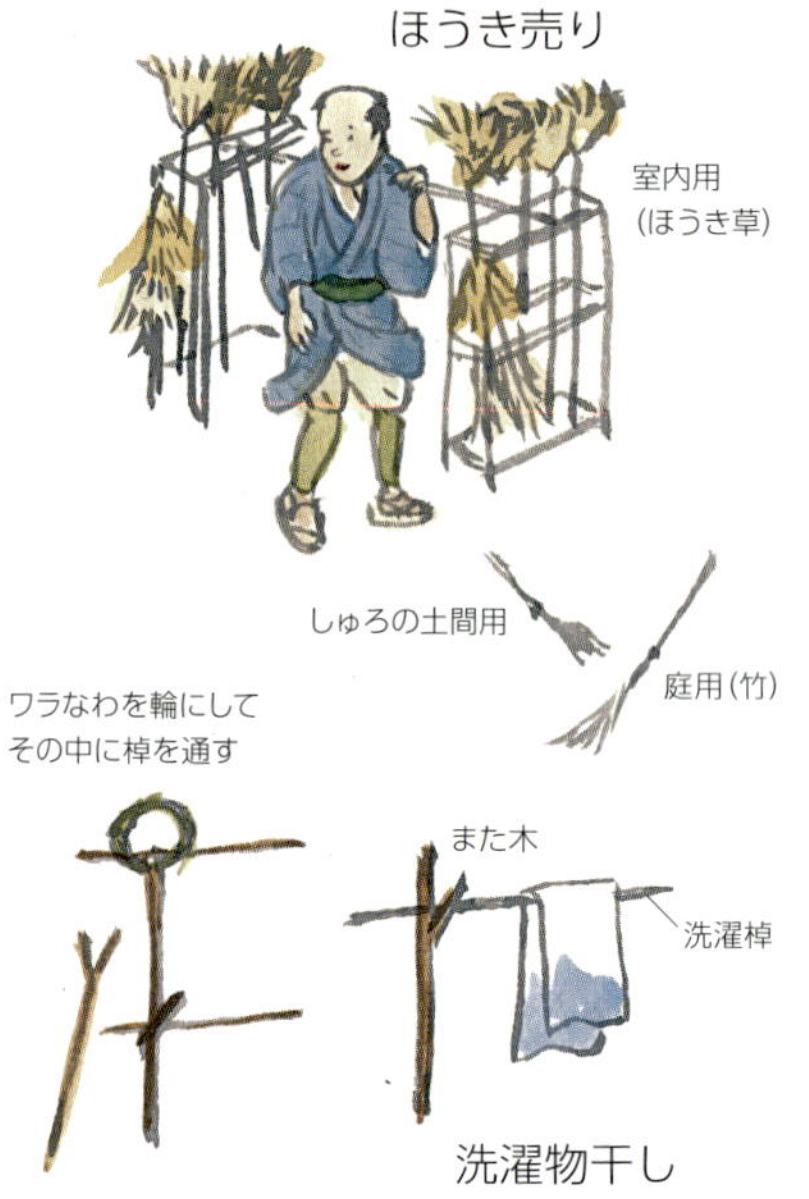

洗濯物はまた木を利用して高くかかげて
乾燥させた。

ぞうきん拭きをする女中
（「絵本鏡百種」より）

祭り間近の裏長屋の様子

祭り用の万燈屋が、万燈を並べ、絵を描いている。
奥では子供が太鼓の練習　　（「絵半切かくしの文月」より）

灰汁《あく》洗い
空樽に灰を入れて、下の呑口から灰が流出しないよう棕櫚《シュロ》皮をあて、上から水を注ぐと呑口から灰汁が出てくる。
（西川祐信「絵本みつわ草」元文５年より）

七　世帯道具

江戸時代の庶民の中上層の家財道具を分類すると、小泉和子著『道具と暮らしの江戸時代』によれば、十項目に分かれます。後期の「今昔八丈揃」の絵から、どのような家具があるのかを見てみましょう。中上層となると商家の家具が含まれます。

◆中上層の家具

〈収納具〉…桐箪笥《きりたんす》、本箱（今と形が異なる）。

部屋戸棚…上下に分かれ、上には裁縫箱や小箱類を入れ、下には行李《こうり》や小箪笥、帳箪笥（金庫）などを入れる。

挟箱《はさみばこ》…持ち運び用の衣類入れ。桐に漆塗りで、軽くて丈夫に作られ、嫁入り道具の一つ。

居間や茶の間に置く。

懸硯《かけすずり》…上蓋《うわぶた》を開けると硯箱《すずりばこ》になり、下が抽斗《ひきだし》で、帳簿や算盤《そろばん》を入れる。当時は商家でも普通の家でも備えていた。

葛籠《つづら》…商家の外商用で反物を入れ、背負って運ぶ。

蠅帳《はえちょう》…台所に置き、蠅がたからないように、残り物のおかずなどを入れる小さい戸棚。風通しのため、表は紗《しゃ》という透ける布や網戸仕上げ。

〈屏風・障子・補設具〉

六曲屏風（普通の大型の屏風）・枕屏風（二つ折で小型）

襖《ふすま》・障子・衝立《ついたて》。

畳…長屋などの借家では、建具や畳がついていない家が多く、引越しの時は運んでいった。そのため広い家から狭い家へ越すと畳が余るので、隅に重ねておく。

〈照明具〉

角行灯《かくあんどん》…当時の代表的な照明具であり、指物師《さしものし》が作り高価。

燭台《しょくだい》…上層が用い、燭台はそれ自体も高級品だったが、蝋燭《ろうそく》も高価であった。

蔵提灯《くらちょうちん》…蔵へ入る時の提灯。通常の紙で作られた提灯は火がつきやすく火事に至ることが多かったため、金網で作られた。

ぶら提灯・油壺（灯油）・弓張《ゆみはり》提灯

〈暖房具〉

置炬燵《おきこたつ》…火鉢の上に小さな櫓《やぐら》を置き、その上に布団を掛けて使う。今のように布団の上に天板は乗せずに用い、大人数であたるものではなかった。
箱火鉢・十能《じゅうのう》（炭を乗せる）。
〈容飾具〉…鏡台《きょうだい》・耳盥《みみだらい》（お歯黒を付ける時に使用）
〈飲食具〉
吸い物椀箱入り・銅薬缶《やかん》・重箱・茶壷・湯呑み茶碗
折敷《おしき》…食器を載せるために一般に使われた盆で、細い板を折り回して縁にした角盆。
手塩皿《てしおざら》…漬物などを盛るための小皿。
〈趣味・文房〉
煙草盆《たばこぼん》・煙草入れと煙管《きせる》・碁盤・植木鉢。
〈衣服整理・手回り品〉
洗濯盥・針箱・番傘と蛇の目傘。
〈他〉
鍵・脇息《きょうそく》・屑籠《くずかご》・庭ほうき・はたき。
踏み台…時代、階層の別なく古くから通して使用された。
蚊帳《かや》…室内に吊り下げて蚊をふせぐ。吊り草を用い、目の細かい網状になっている。
笹…年末の大掃除の天井掃除などに使う。
〈信仰〉…宮・灯篭《とうろう》・御神酒《みき》・三宝《さんぽう》。

◆一般の世帯道具

長火鉢…暖房器具であり、灰の上には五徳《ごとく》が置かれ、上に土瓶《どびん》や小鍋が置けた。横に猫板《ねこいた》や下に抽斗《ひきだし》があり、収納も兼ねた。灰の中には銅壺《どうこ》という酒の燗をする道具を埋め、猫板には徳利や湯呑み茶碗を置いた。

火鉢…火鉢には材質や形状など様々な物がある。

〝手焙《てあぶ》り〟は手を温める専用の小型の物。

火付け道具（火口箱《ほくちばこ》）…火を起こすのには火打ち石、火打ち鉄《がね》、火口《ほくち》（ワラなど）と、付け木が使われていた。火打ち石と火打ち鉄を打ち合わせて出た火花を、ワラなどに移し、さらに付け木に火を移して使用。

箱枕《はこまくら》…台形の木の箱の上に小さなくくり枕をのせた枕。現代の枕では結い髪がつぶれるため、宙に浮かせておく状態に。

鏡台《きょうだい》…結い髪や化粧をする道具。鏡の蓋を開けて使う。当時の鏡面は金属製で曇りやすいため、〝鏡磨《かがみと》ぎ屋〟が廻って来た。

瓦灯《がとう》…照明器具で行灯よりも安いため多くの庶民が使用。安い菜種油や魚油を油皿で燃やす。

蚊取り…庶民は〝蚊帳〟は高価で使えなかった。当時は蚊取り線香はないので、青葉や木片をこの中で燃やし、いぶした煙で蚊を追い出した。
○その他に、柳行李・おひつ（炊いたご飯を入れる）・七輪・枕屏風・箱膳・すり鉢・ほうろく（茶を焙じる）・徳利。

お座敷道具づくし　（伊勢辰の千代紙より）

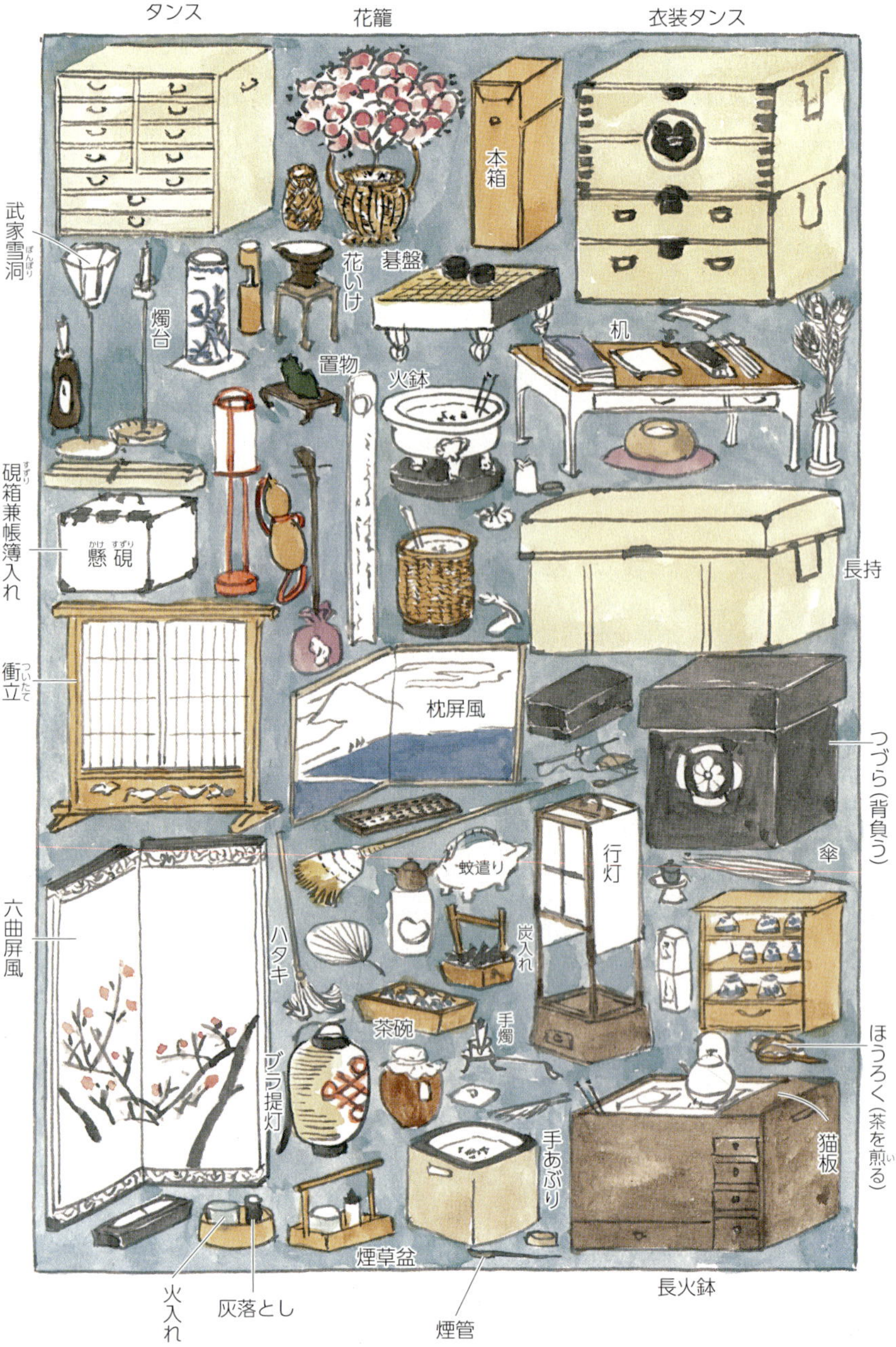

〔化粧道具〕（「容顔美艶考」より）

箱迫《はこせこ》（上層用の携帯化粧道具入れ）

〔お歯黒道具〕

八　庶民の女房の一日

長屋には商人や職人、その他様々な職業の人々が住んでいました。男の独身者も多く、また居職（室内で仕事をする）職人は、物を作りもするし、販売もしていて、家は作業場と店舗兼用の人もいます。

裏長屋の細い路地にはこのような、職人が鉋《かんな》で木を削る音や、八百屋と客の話し声や、三味線を習う男のヘタな音色や、物売りの声、子供の泣き声など、種種雑多な音がしていたと思います。異なる人生を送る人々の中で、長屋の女房たちはどのような一日を過ごしていたのでしょうか。日記は残存しないため、推定で見てみます。

◇朝五時頃に起きる

職人の夫は朝六時頃に目覚めるため、女房は五時頃には起きて、竈に火をつけ、ご飯や味噌汁を作り、他は漬物を出すだけです。棒手ふりの豆腐や納豆売りが廻って来たら買い求め、夫が目覚める前に身支度を整えます。お歯黒を付け、洗顔や結い髪を直します。

〝お歯黒〟は結婚が決まる前後に初めて付けますが、女性の既婚を意味しました。江戸の花嫁道具の第一位がお歯黒道具です。その方法は、まずお歯黒水《はぐろすい》（米のとぎ汁他に古釘など鉄片を入れる）を作り、密閉して二カ月ほど置くと、茶褐色になります。これを温め、付ける時は、房楊枝で歯を掃除してから布で水分を取ります。

次に筆でお歯黒水を歯に付けるのと、染料のフシノコを付けるのを、交互に繰り返すと、黒くなってきます。普通は三日置きなどで、付きの悪い人は毎日付けました。

夫は起きると歯磨きから始まるようで、歯磨き粉には方解石の粉末や、房州の砂を用い、房楊枝《ふさようじ》（先がブラシ状）で磨きました。明け六つ、六時の早朝から湯屋は始まり、職人でも毎朝湯屋へ通う者が多かったそうです。職人の大工の場合は、八時が始業です。

◇朝八時〜十時

六歳から十歳の子供たちは皆寺子屋へ通います。朝八時から十時というのは寺子屋が始まる時間です。近所にあるため、昼には家に戻って昼食を食べる子が多く、雨降りだと弁当を持たせたりします。また式亭三馬の「浮世風呂」の様子では、当時の親や子供たちは奥女中希望もいて、その採用試験は踊り、唄、三味線であるために、まだ六歳頃から芸事を二つ、三つ掛け持ちで習っている女児がいました。毎日その復習を家でするために、音やその費用などで両親も大変であったと推察します。

午前中の女房たちは、井戸の側で〝洗濯〟をし、その広場にある物干し場にて着物を干します。洗濯は主婦たちが集まるでしょうから井戸端会議となり、どこの店が安かったとかどの豆腐屋がうまいなどの情報交換の場ともなっていました。

女房も賃仕事（パート）で働いていれば、外出の時間です。正規の女中は住み込みですが、〝臨時雇い〟とか〝物売り〟は通いもいました。仏様に供える〝きしみ（葉）売りとか、線香、枝豆売り〟などがあり、また〝洗濯女〟の仕事もありました。

◇午前十一時〜昼

昼食の支度に取りかかります。昼は冷や飯と茶に、おかずを一品、野菜か魚か豆腐料理のいずれかを作る時刻です。職人の大工たちは、通常歩いて行ける近距離の仕事場のため、昼食時には家に戻って食べる夫もいますし、子供も寺子屋から戻る場合があります。

◇午後二時から夕方

午後の二時は寺子屋終了の時間なので、家に戻って来る子のためにおやつを準備しておきます。お八ツ（午後二時）には、さつま芋、大福、飴、蒸菓子や餅菓子などがありました。午後にも物売りが来ました。彼らは一人一種類しか扱いませんが、桜草売りや、季節の物売り・販売と修理もするなど、多くの物売りがやって来ました。

また主婦の午後は家族の着物を縫ったり、洗い張りの際にはほどいて洗い、また縫い直します。子の着物やおしめを作り、破れた個所に継ぎを当てたりして、針仕事の時間は長いのです。お針の上手な人は、仕立て物の賃仕事をする、主婦や未亡人も大勢いたことでしょう。子供たちがおやつを食べた後は、母と遊んだり、母は子を寝かしつけたり、幼女たちはあやとりや紙人形で遊びます。

少女たちは遊芸の稽古に行ったり、友達と湯屋に行き夕方を過ごします。また母たちは子を連れて、寺社参詣にも行きました。

◇午後五時〜夜

夕食は冷や飯の茶漬けと漬物だけの軽い食事を、家族揃って、夜の七時頃にとります。女房たちは夕食を済ませてから八時頃に湯屋へ行き、九時頃に寝ました。夏の夕方であれば、行水、蚊取りの煙でいぶしたり、冬であれば火鉢や炬燵の炭《すみ》入れ用に、竃で炭に着火し、炬燵の火鉢に火を移しました。昔の家事はどれも手間と時間がかかり、昔の主婦は仕事がていねいです。

虫干しの風景

（「絵本世《よ》都《つ》濃《の》登《と》起《き》」より）

虫干しは一年の内で一番暑い土用に行われた。室内にひもをかけ渡し、着物をかける。他に本や能面にも風を通している。

子供たちは遊んでいる。

（歌川芳虎「子ども遊びづくし」より）

娘の髪を結う母（歌川国貞）

水浴び
（歌川国貞「女子教訓狂《きょう》歌《か》合《あわせ》」より）

初鰹《がつお》売り
（『守貞謾稿』より）
朝から晩まで、長屋には物売りたちがやってくる。

水売り
夏に白玉と砂糖入りの甘い水を売り歩く。
（鈴木春信「水売り」より）

九　庶民の女房の暮らし――まとめ

ここまで武家婦人たちと、商家の妻女、そして江戸庶民の女房たちの暮らしを見てきました。これらを対比すると、江戸の庶民女房の特色が浮き彫りになります。それでは次にこの特色を見てみましょう。

1　立場が変わり奉公に出る方に

武家の場合は、下級武士宅であっても奉公人を置き、商家は奉公人たちとの共同生活が必須でした。ですから武家、商家とも奉公人を使う立場でした。

しかし江戸の長屋住まいの主婦たちは、住み込まないまでも、賃仕事や着物の仕立物をする、あるいは物売りなどで家計を補助しており、使われる立場に変わっています。これは現代の状況とも大変似ています。現代でも子育て中の二十、三十代、そして四十代では住宅ローンと子供の教育費が重なる時期であり、大方の主婦層はパートに出ており、家の収入アップに貢献しています。

2　大家族　対　核家族

武家と商家は家父長制下でもあり、長男の家は〝大家族〟であり、さらに奉公人をも含む大所帯でした。家督を継ぐ家は、この十名から二十名ほどの大所帯を維持するだけの年収を、家長や婦人が稼がなくてはなりません。

これに対して江戸という大都会は、三百家弱の江戸藩邸が多くを占めるという特殊性も相まって、町人地は大変狭く、庶民は裏長屋の狭小スペースに住んでいます。一戸が四畳半か六畳ほどで、布団三つは敷けない狭さです。夫婦と幼児二人の四人家族が標準というところであり〝核家族〟です。

3　〝家事〟は本人がする

日々の食事作り、掃除、洗濯などの家事は、誰がしているのでしょう。

武家や商家の婦人たちは、当時の通例として、大家族の四季の着物を作るのが役割です。さらに奉公人たちに支給する〝仕着せ〟を縫わなくてはなりません。加えて、この大所帯の家計を維持するだけの収入アップ策として、武家婦人は〝機織りを賃仕事〟にし、商家の妻女は空いた時間を商家の手伝いに当てています。どちらの婦人も自分の仕事が優先です。よって家事は主に下男をも含めた奉公人たちが担っていました。

これに対して核家族である江戸庶民の主婦は、家事は自分で行います。現代の専業主婦と同じで、家事が仕事になっています。とはいっても、室内は四畳半ほどなので掃除は簡単であり、三食とも粗食なので手軽であったと思われます。家事のうち大変なのは家族の着物作りと、水で手揉み洗いをする洗濯であろうと思います。

さらに地方の主婦の方は、城下町・農村を問わずすべて手作り体制となっており、着物作りはもちろんのこと、機織り、味噌・豆腐作り・漬物作りと、自家製ですので、家事の技術は相当高かったと思われます。

江戸は自分では生産をしない消費都市と言われています。

4　大都市　武都に住む

武家地が七割ゆえに町人地が狭くなったというデメリットはあっても、やはり将軍のお膝元の武都である晴れがましさは、住民の誇りであったようです。日々の武士たちの登城もさることながら、年に数度ある年間行事の時には、大名たちが総登城状態となります。

また参勤交代で入って来る大名行列、地元へ帰る大名行列で、豪華なイベントのような華やかさです。

さらに数多い江戸藩邸に勤める奥女中たちの代参やら、宿下がりなどで、市中を歩く上品な彼女たちを拝見することもできました。皆が憧れるのも無理はありません。

5　都市の魅力

江戸という大都会ならではの魅力というものがあります。たとえば歌舞伎。あるいは他の芝居小屋。歌舞伎は絶大な人気を誇り、役者たちは着物の色や模様、新しい帯の結び方、着物と小物のコーディネイトの仕方など、新しいものを生み続けました。しかし一番皆と違うのは〝洗練〟ということではないでしょうか。江戸市中の庶民が〝意気〟という感覚に憧れ、切磋琢磨しているさなか、〝都市の垢ぬけた洗練〟を身につけているのは、歌舞伎役者と商家の旦那たちが随一と思われます。これは真似してもままならず、ことに昔の都会と地方の差を際立たせる一つです。垢ぬけるというのは、これをしてどうということではありませんが、大変むずかしいのです。

都市の魅力は他にも、相撲、盛り場、寺社仏閣、花見や両国の花火、山王祭り他、数えきれませんが、江戸の婦人たちは商人や職人など腕一本で生きる夫と人生を共にしながら、大都市の魅力の中で生きた人々です。

庶民の長屋の台所の様子

二口の竈に茶釜と鍋がかけられている。左端の女房はきちんと結い髪にはせず、髪を櫛に巻き込んだだけのラフな姿の母子。前の左右の二人は丸髷《まげ》と姉さん被りの女房で、右奥は島田髷の十六歳頃の少女を配している。(喜多川歌麿「台所美人」より)

五　農家の女房

一　農家の階層と家族

◆農家の階層

農家にも階層があります。最初はその階層から見ていきたいと思います。大きくは三つに分けられます。

1　庄屋や豪農などの上層農民・地主

2　自作農（中層農民）
自分の土地を持ち、農業経営で自立できている層

3　小作（下層農民）
地主から土地を借りて農業をしており、地主には土地の借り賃を支払う。

この他に〝絶家・潰《つぶ》れ家《や》〟というのがあり、凶作や飢饉、過重な年貢負担、病気、多額の借金などで、逃亡、絶家となってしまう家です。農村では〝村請制《むらうけせい》〟（年貢が村ごとに課されるシステム）により、年貢負担に耐えられない家があると、村内で弁済しなければならなかったので、下層農民が多いことは、村にとっても危険でした。

またそれは村での結束力が育まれる下地ともなっていますが、農民が年貢のために娘を奉公に出すように、村の誰かが簡単に年貢を支払ってくれるわけではありません。

〈農村家族の人数〉

農村家族の人数は、近世の戸籍台帳である「宗門人別改帳」によると、一つの家族の人数は〝三、四人から六人〟が普通だったようです。農家ですと家族全員が力を合わせて農業を営んでおり、家族経営です。ですから家の人数は問題になります。巻末資料②によれば、現代と比べると農村の家族は〝多産であり、また第一子から第五子までの養育期間が長い〟というのが特徴のようです。

たとえば武蔵国の太子堂《たいしどう》（現・世田谷区）の農民亀次郎とみよ夫婦の場合、夫は二十八歳、妻は十九歳で結婚し、みよは二十歳から四十五歳の二十六年間に、二男四女を産んでいます。長女を出産してから末娘が十六歳になるまでを子育て期間とするならば、四十一年間にも及

んでいます。

農家では五人くらいの子供を持つのは一般的であり、また後述するように老父母も働く、つまり大家族となりそうなのに、小家族も存在します。当時は富裕層においては次男以下に資産を分与する分家（核家族）というものがありますが、一般農家に分家はありません。農家にとっては土地は大変重要であり、その土地があるからこそ生産し続けることができます。兄弟で分けてしまったら、農家としてはやっていけなくなります。

家族経営であるということは、その人数は問題です。小家族もいるという背景には、下層農家の場合には次男以下を奉公に出してしまうという現実もありそうです。

速水融著『歴史人口学の世界』によれば、自作農（中農）の奉公経験率は男児（十一歳から）で30％弱であり、下層農では63％へと上がっています。

つまり中層の場合は息子三人の内一人のみを外へ出し、二人は農家の働き手として残ります。が、下層になると息子三人の内、長男のみが家に残り、あとの二人は外へ出ることになります。下層の小作になると、土地の借り賃を地主に支払わなければならず、働き手も少ない、つまり生産力も上がらないので、不利な条件が重なります。

当時は城下町などの都市部で生きる町人の息子たちも、十一歳頃になれば皆、商人や職人への見習いのため奉公に出たのですから、奉公に出ること自体は一般的です。大人として自活できる道へ進んでいます。

しかし農家の場合には〝年貢〟という重い足かせがあります。中層の農家の場合には土地を持っているので、まだ農業経営で自立できたでしょうが、下層の場合には問題が大きいのです。ひとたび凶作や飢饉などが起きれば、国や土地や縁者を捨て、流浪の身となって江戸へ向かう者が多かったのだと思います。そのため江戸は近郊からの男の独身の流入者が大変多いのですが、出ていく農民にとっては、市中で口入屋などを通して棒手ふりになってしまえば、その日暮らしではあっても自分の稼ぎは自分のものとなりました。

江戸市中の町人で商家の場合は、大小の規模の差はあっても、丁稚などの奉公人を置きます。長屋に住む庶民は、奉公人は置けません。

農村においては、豪農などの富裕層においては、やはり奉公人を置きます。中・下層農においては、通常は奉公人を置きませんが、田植えや稲刈りなどの農繁期には、その時だけ早乙女（苗を植える人）などを臨時で雇うという形になります。農村の子供たちの多くは、逆に〝奉公に出る方〟となります。

農家の階層

この絵は、飢饉にそなえる備荒用の米を郷蔵へ搬入している図。村役人と一般農民が描かれている。（大蔵永常「広益国産考」より）

収穫

左端は木臼と杵により、つき臼《うす》での籾摺《もみす》り。真中は箕《み》によって玄米と籾殻を風選し、家族総出の様子。（「大和耕作絵抄」より）

田植え後の一日休み
（土屋又三郎「農業図絵」より）

〔一般農家の家族〕

田の草取り（「農業図絵」より）

二　上層農の暮らし

◆豪農の石川家の暮らし

村役人であり豪農でもあった石川兵左衛門による「歳中日記帳」（福生市郷土資料室より）は、幕末の元治元年（一八六四）から明治九年（一八七六）までを記した日記です。この日記には、著者自身の行動はもちろんのこと、奉公人や出入りの者の作業内容や妻の動向も記されています。石川家は高石高《こくだか》である十三石の農業を営む他、醤油・酒造業、金融業の経営もし、村役人でもありました。

［石川家の家族の構成］

家族…夫は五十代前半、妻は四十代後半と推定。子は息子が２人、娘３人　（家族７人）

奉公人…農業や醤油・酒の製造・販売に従事する奉公人が７～８名　［総計・15人］

夫の仕事

最初に農業と生産・商業を営む家の家長はどのような生活であるのか、その動向を見てみます。

［公務として］

・年貢取り立て　・外出（御用向き）
・当役（役所）へ入用勘定割り
・同じく当役へ入別調べ
・当役へ犯人召捕りの件　・伝馬《てんま》の件で五日市へ行く
・外出（御用向き、泊まり）

［農業］

・畑の野廻り　・麦蒔《ま》きの手伝い

［酒造］

・頼母子講《たのもしこう》（皆で積み立てる組織）へ出席　その世話人会へ行く
・八王子への外出多い（雇用の件）　・東京へ塩買付けに行く
・五日市へ行く（酒造につき集会）（炭《すみ》買いの件）

［冠婚］

・法事・葬式　・壇払いに行く　・悲願寺に行く
・祝儀に行く

［交流］

・引越し手伝いに行く　・出火見舞い　・病気見舞い

［在宅勤務　他］

・出入勘定　・店番　・醤油値段書き　・庭の石かき

・坪庭のくねゆい（垣根の補修）　・医者へ

夫である家長の外出をまとめると、

1　村役人としての公務に関わる外出
2　醤油・酒造・金融業などの家業による外出
3　冠婚葬祭への出席
4　在宅勤務

夫は月平均6回ほどの外出をしています。そして、妻のうたは冠婚葬祭を中心に月2回ほどの外出となります。

〈上層農の家長の役割〉

当時の上層農の夫婦の役割とはどのようなものだったのでしょうか。家長の夫は農業ほか商業など、多角的な経営の全般にわたって、統括管理を行っていました。

実際の仕事は奉公人たちに任せ、自身は彼らに指示、監督をすることが任務です。ただし醤油や酒の重要な取引には本人が出向いています。そして冠婚葬祭や交際などの付き合いは、積極的に参加しています。

当時は商家、豪農のいずれにおいても上層の家長には共通する上昇志向があるようです。たとえば元は農家から出発し、農業と商いを兼業し、商いも成功していきます。資産を高め最終的には村役人という職に就く、というものです。その後、長男は家業と村役人のポストを受け継いでいくことになります。

この石川家が代表的な例であり、また前述した麻買い付け業の梅原又右衛門も、同様のコースを歩んでいます。

梅原家は百姓の身分でした。初めの寛政三年（一七九一）の村年貢は畑米高《だか》が五畝《せ》足らず（屋敷地分を含む）でしたが、その後文化五年（一八〇八）にかけては、田を三反、畑四畝余り、屋敷地一畝余りを買い取り、石高《こくだか》は五石《こく》七斗《と》となっています。後に次方の親類を通じて代官に働きかけ、次方の商売の実績や土地集積も認められて、次方は商人であると共に〝組頭〟という村役人の地位を得ています。当時の家長は家の代表者であり、土地保有者、年貢負担者であるという性質があります。そして上層農には、農業と商業を兼業し、成功するとさらに村役人にも就くという特色が見られます。

〈長男の教育〉

石川家の長男である浪三郎は明治三年（一八七〇）に元服後、農業と商業の全般にわたり、父から家業を受け継げるよう指導を受けて育ちます。そして冠婚葬祭へも父に代わって出席するようになり、さらに村役人である父の補佐をしながら、村政も身につけていきます。

中上層の長男（嫡男）においては、家長を継承できる指導がなされたようです。

〔豪農は農業・商業・村役人を兼ねる〕

石川家は高石高十三石の農業の他に、醤油・酒造・質屋を営み、村役人でもあった。

農業　鋤《すき》や鍬《くわ》を使い、水田の荒起こしをしている図

（「大和耕作絵抄」より）

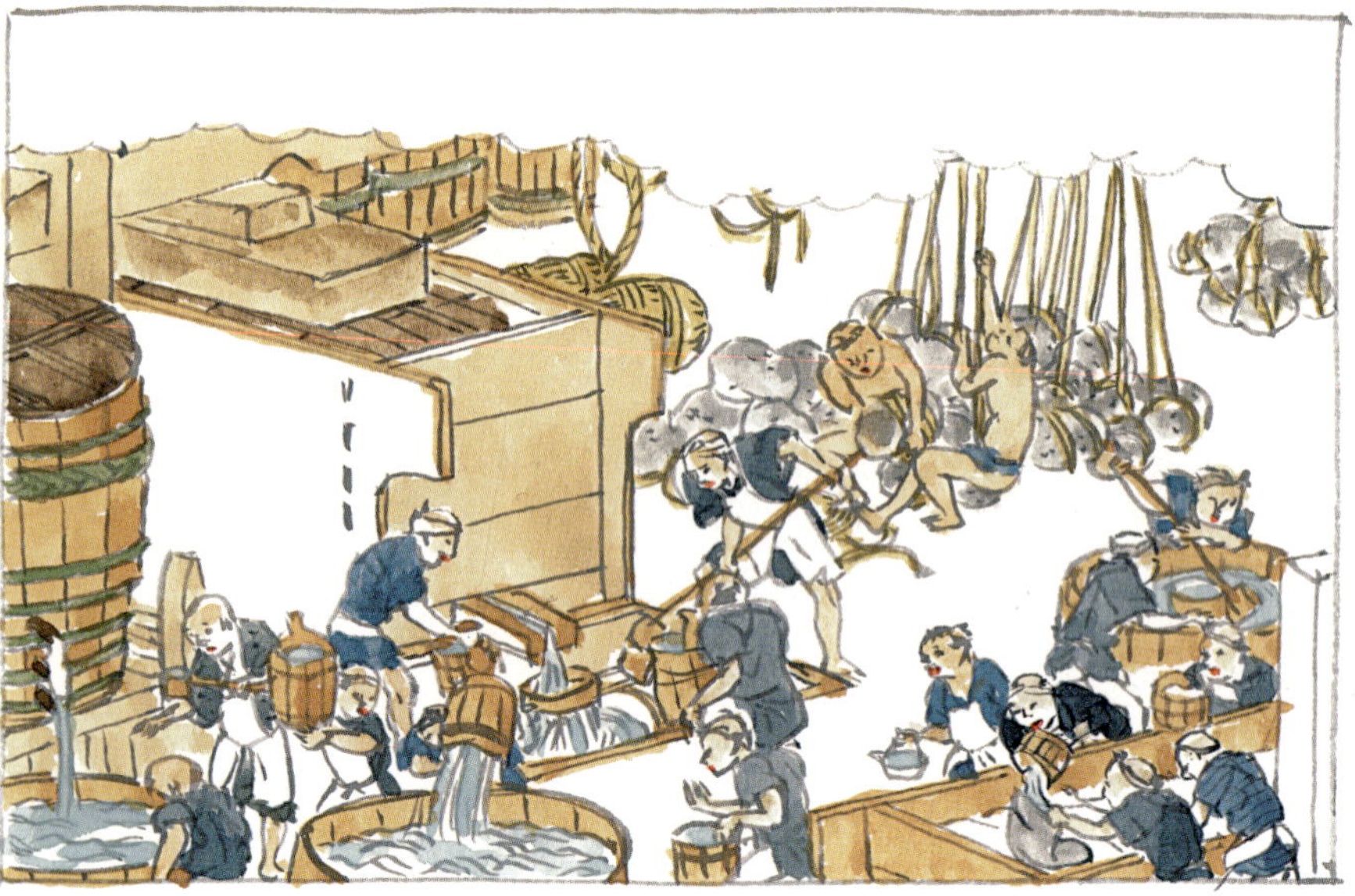

酒造

寛政 11 年（1799）頃の絵。醪《もろみ》を袋に入れて、左奥と右下にある酒船に入れて圧搾すると、清酒が酒船の底から流れてくる。

（「山海名産図会」より）

【豪農の石川家の家族】

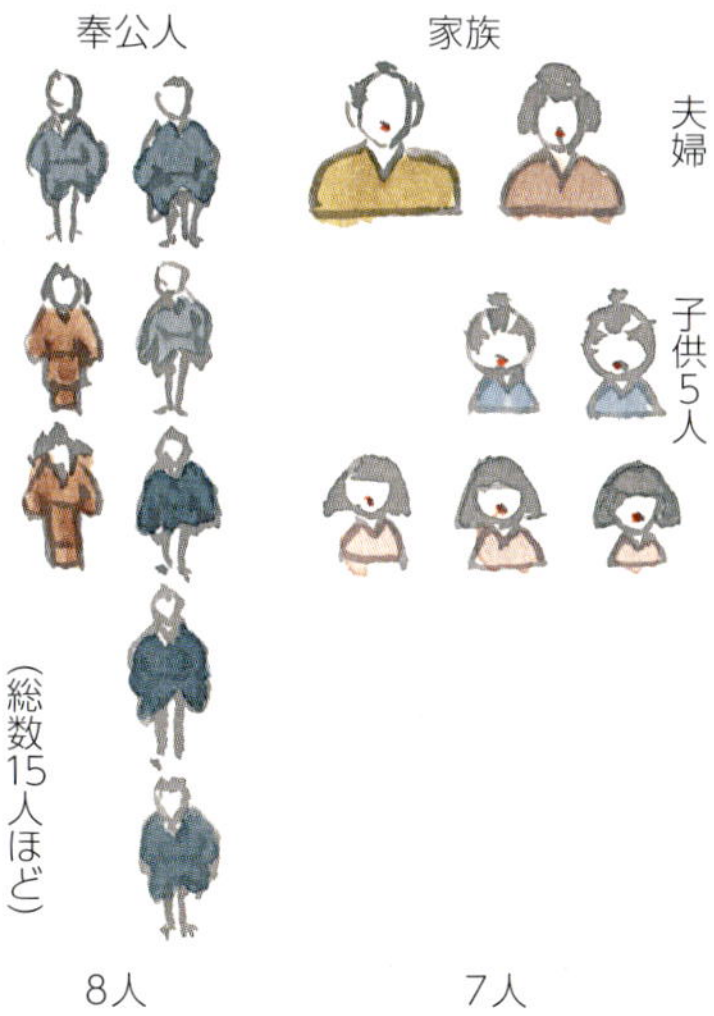

質屋

庶民が手軽に金が借りられるのは質屋。専門的な質屋の他に、酒屋、呉服屋の兼業も多い。

（「絵本和泉川」より）

仏事の食事

石川家では夫婦とも冠婚で招かれることが多いが、当時は必ず家で膳を出した。

（三谷一馬『江戸庶民風俗図絵』より）

◆石川家の妻　うたの暮らし

上層農である石川家は、農業、商業、村役人と、夫の家業は多岐にわたります。そして当主である夫の活動は、公務と商業、冠婚などの交流に主軸が置かれています。その婦人の暮らしぶりを見てみましょう。

養蚕…春蚕、蚕種埋、掃御、棚上（これらは蚕を育てる過程の仕事です。また蚕雇いの奉公人がいます）

製茶の仕事…茶摘み、茶蒸

他…小豆もぎ、粟《あわ》切り手伝い、糀《こうじ》をこしらえる、機織《はたお》り、綿《わた》かけ

〈冠婚葬祭への出席〉

通夜、葬式へ行く、法事に行く、盆礼・墓参りに行く、元服祝い（大人になる儀式）に行くなど。

妻の外出は冠婚葬祭への出席がほとんどであり、妻が一人で出かける場合もあれば、夫と一緒の時もあります。

妻のうたが家族や奉公人を合わせて十五人の者たちの食事作りや衣類作りにいそしむ暮らしであるのは、他の階層の主婦たちと同じであり、自ら家事もしています。

うたの暮らしの特色としては、夫が農業の方にはあまり従事しないのに対して、農業関係である蚕の飼育と、製茶の仕事が多いということです。

当時の地方の農家では、主婦は農業の合い間に蚕を飼うというのが一般的でした。そうはいっても、養蚕は春から夏場へかけてがシーズンであり、また蚕の食料である桑の葉も同時に育てなければなりません。そしてこの時期は農業の方の田植えや生育時期と重なるため、兼業というのはそれだけ大変な仕事となります。

うたの暮らしとしては、一家の食事や着物作りの家事を中心に、養蚕や機織りもしています。そしてこれらの仕事は、うたが女の奉公人たちを指示、監督する立場にあります。江戸時代の中上層で奉公人を使う家というのは、当主が一家の全般を見て、管理しますが、その指揮下にありつつ、女奉公人を面接して雇うのは、女主人である主婦でした。それでは他の上層農の妻たちはどのような暮らし方なのかを見てみましょう。

〈1　名主　鈴木平九郎と妻の嘉代〉

武蔵国多摩郡柴崎村の名主、十一代鈴木平九郎は、その他にも様々な公的役職につき、農業経営の他に、養蚕、運送、金融などにも携わっていました。妻の嘉代は近村の名主の家に生まれ、娘時代に江戸へ武家奉公に出た後、十八歳の頃結婚しました。彼女の日常の暮らしの様子は、

〈多忙な夫の手助け〉

・奉公人への手当てを出す　・村入用も扱う
・講《こう》（積立金をする組織）の算盤《そろばん》（経理）
夫の長期の留守中には、夫に代わり〝経営日誌〟を付けることもありました。
（他）
・下男、下女に家事への指示を出し、また世話をする
・養蚕・糸引きを指揮しつつ、自らも行う
・祝儀・法事などは自宅での饗応や接待となるためそれらを仕切り、指示を出す
・交際として近隣や親類縁者との付き合いがある
・そして七男二女の育児があります。
嘉代は教養があり、算盤も立ち、積極的に家業を支え、また家長である夫の片腕として活躍する一方、信仰心厚く、村内の寺に自身の財力で（夫とは別に金貸しを営む）地蔵尊を建立しています。

〈2　名主の妻　春の利貸し〉
武州柴崎村の名主、十代中嶋次郎兵衛の妻・春は、やはり夫とは別に金貸しを行っていて、独自の資産を持っていました。春が天保九年（一八三八）から天保十五年（一八四四）の六年間の間に貸し付けた金額は二百五十五両に上っています。春も石川家のうたも共に活動的で経済力があり、また信心深く、当時としては自主的な行動力を持つ稀な女性です。

〈3　庄屋　浅田家の妻　たつの芝居見物〉
江戸時代の「浅田家文書」（東京大学経済学部所蔵）によれば、上狛《かみこま》村（京都から30キロ。現在の木津川市山城町上狛）の庄屋浅田五郎兵衛の妻・たつは、一七〇〇年代初め頃に、お供を連れて芝居見物に行っていました。この時代に、庄屋のクラスは遊びを享受していたようです。

〈4　出雲の庄屋の後家　美須の長旅〉
出雲（島根県）の庄屋の後家・西村美須は、六十歳を過ぎてから亡夫や三人の子供たちの菩提を弔うために、友と遠方への長い度に出ました。最初の目的は西国三十三カ所の霊場めぐりと善行寺参詣への旅でしたが、いつしか目的は物見遊山への旅へとすり替わり、女友たちと一緒に日光へ、そして江戸、横浜見物、さらには富士山にまで行っています。半年間百五十八日間の記録を元に、「多比能実知久佐《たびのみちくさ》」と題した日記を残しています。

名主や庄屋の筆による日記により、妻たちの多彩な活動ぶりを見てきました。中には家事に専念する主婦も多いでしょうが、上層農民の家長の妻は、奉公人を管理し、食べ物や衣類の指示を出し、夫の仕事の代行をする役割をも担っていたのが特色です。

宇治の茶摘み

質の良い茶を育てるためには、日覆いを掛けて栽培し、旧暦３月～４月頃、芽ぶいた茶を摘んで製茶した。

（「都名所図会」より）

繭《まゆ》から絹糸を取る

この工程は繭を鍋で煮ながら絹糸を取っているところ。まわりには水桶や団扇、火箸《ひばし》、炭がある。この後、枠に巻きつける。

（「蚕飼絹篩大成」より）

※石川家の妻うたは、
養蚕、製茶、小豆もぎなどの仕事
をする

蚕《かいこ》のえさ作り

桑の葉をきざみ、蚕のえさを作る女たち

(「養蚕秘録」中巻より)

婚礼の部屋見舞い

富裕な家では、婚礼の前後には親戚などが祝儀の品を持って訪れ、嫁と盃を取りかわす風習があった。

(「画本萬歳欒」より)

三　農家の仕事

農家の仕事は家族をも巻き込み、妻も農作業をするし、娘は田植え、子供は年中草むしりをし、老婆は家で赤児や幼児の世話もします。まず農家の仕事とはどのようなものなのか、年間を通じてどのような流れで、女たちはどのように関わってくるのかを、把握したいと思います。

〈農家の一年の仕事〉

加賀国石川郡（金沢市）に住み、三十年間十村役《とむらやく》（四十カ村を管轄し、農村の生産指導にあたった）土屋又三郎著『農業図絵』と、同著『耕稼春秋』より。

正月…男／金沢城下へ下肥《しもごえ》の汲み取りに、近所の男七人で行く。蓑笠《みのかさ》、腰蓑《こしみの》姿の男たちは厳寒の中、裸足で肥え桶を担ぎ、その上には交換用の藁《わら》や大根を載せている。

女／この時期は苧《お》や麻の皮をさいて糸にしたり、機織りが中心。この布を売りに行き現金収入にする。

男や子／藁仕事（俵《たわら》編み、縄《なわ》ない）をし、農耕の準備期間。

二月…少年／耕作前の稲の古株を鎌で刈る。

男／田方の荒起こし（重労働）。種籾《たねもみ》を俵に詰め池に浸す。

女／箕《み》で種籾のごみを取る女。

男／苗代《なわしろ》に種をまく。土肥や用水路の底の泥土をさらい、田畑に肥料を施す。用水路の修理。馬に犂《すき》を付けた男が道筋をすき起こしていく。麻畑の耕起と、小松菜、茄子、瓜《うり》、稗《ひえ》、煙草、きゅうり、藍《あい》の種まき。麦、菜種畑の中耕と土寄せ、追肥。

女／菜種の間引き。

少年／子守りをしながら鳥を追う少年たち。

三月…田に山野の草を肥料としてすき込む。

男／菜種の土寄せをする。　女／追肥

男女子／土くれを切り割る。

男／田の古畦《あぜ》を削り、畦塗りをし、そこに稗《ひえ》をまく男たち。乾田の一回目のすき返しをする。馬で湿田のすき起こし。草刈り

女／蚕始め。養蚕は女の仕事とされ、この頃から蚕が孵化し始める。飼育にとりかかり、蚕の飼育と蚕の食物の桑摘みに多忙。

男／農民の主食となった稗、大豆、小豆などの雑穀を、年貢のかからない荒地畑《あれちばた》に種まき。畑の方の植え場を耕し、里芋の種芋を植え、青刈《あおが》り大豆（牛馬の飼料用）をまく。

女と男／瓜畑、茄子畑の周囲に垣根を作る。

女／里芋の植え付け、畑にささげと早稲《わせ》大豆の種をまく。

四月（現五月頃）…男／乾田の二回目のすき返しをし、湿田もすく。

（田植え前日・六人の女）前日の作業は、苗代《なわしろ》（田とは別の方）に植わっている苗取りをする六人の女たち。白笠姿や姉さん被りに赤だすきで、着物の裾をからげて手を休ませるひまもない。

男／取った苗は、苗運びの男が野籠に入れて植え田の方へ届ける。

（田植え）早乙女は十人で、白笠に赤だすき、紺の前掛けをつけて田植えをする。

少年／早乙女の後では、苗を配《くば》る小苗打《こなえう》ちの少年が三人。

立人《たちうど》の男／農道には全体の手配りを見ながら指図をする立人と呼ばれる男が立つ。

・田植えは男女子がそれぞれの仕事を分担して行う共同作業だった。農道では昼食を入れた大風呂敷の横で、幼児に乳をやる母。

・田植えは農家が一斉にかかるので、早乙女を雇わなくてはならない。娘一人で一日３５０～４００坪を植え、雇い人の賃金は一日で四〇～五〇文であり、それに昼食を付ける。

＊田植え後の一日休みには、男たちは御馳走を食べ、酒を飲みくつろぎ、若者や子供たちは腕相撲や闘鶏に興じる。

男／田植え後の水の管理を毎日行い、漏水個所があれば修理をする。荏《え》ごまの植え場の耕作。

老人と少年／大豆、小豆、稗、粟などの追肥と除草。

五月…男／早稲田の一回目と二回目の中耕をする。

女と男／草を取り、さらに土深く埋め込む。これは田の水を落として、草が見えるようにして行う。

老人／畑の小麦刈りは老人。運搬は男女

両親／畑へ稗苗を植え付け苗場作りは老人と少年

兄嫁と妹／大豆畑の草取り

男／茄子と瓜の土寄せ、畝作り。種まき耕す。

三人の女／種を豆まき包丁で埋める。

正月初めのわら仕事

表田の田植え

畑に稗《ひえ》苗を植える。
右は老母と嫁、左は夫と息子たち

表田の追肥

（絵は全て土屋又三郎『農業図絵』より）

『農業図絵』享保２年（1717）は、加賀藩の十村役を務めた土屋又三郎が、彼の代表的な著書『耕稼春秋』をもとに、年間の農耕風俗を描いたもの。

六月（現七月頃）…男女とも暑さよけのゴザを背負っての草取り。炎天下での暑さが厳しく、田の水は生《なま》温《ぬる》く、足はむくみ、かぶれやすい者は顔がはれ上がり、ブヨが手足を刺す。

・この時期は商品作物である笠の材料となる菅《すげ》やイグサ、瓜《うり》、茄子、藍の刈り取りをして販売。現金収入になる。

七月（現八月頃）…少年たち／田方の草取りで、背丈ほどもある夏草をいっぱいに担ぎ、牛馬の飼料にあてる。

男と少年／はざ木用の立木の下枝落としをする。この切り落とした枝は薪《たきぎ》として使う。田の水落としをする。

女／白笠に前掛け姿で、包丁で粟の穂首を刈る。

男／粟穂を籠いっぱいに入れて運ぶ。

男／盆が終わった後は、稗や早稲の収穫。刈り取る男と束立てする男がいて出荷。

八月…〈農民の食料の大唐稲《だいとういね》（赤米《あかまい》）の収穫〉

男と老人／赤米を鎌《かま》で刈り取る男と、天秤棒で運搬する男と老人。大唐稲はその日の内に家に入れて、籾《もみ》を打ち落とし、籾を干して米にする。

※大唐稲とは赤米（玄米の色が赤や褐色をしている稲）のことで、普通の稲よりも生育期間が短く〝端境期《はざかいき》の農民の食料〟として重要でした。赤米はくず米まで実入りが良く、炊き増えする利点もありました。

女総出・老人・子／皆で赤米の運搬と脱穀。

※脱穀は横に倒した臼に稲束を打ちつけて、籾を落とす方法で。

村の秋祭り

秋の豊作祈願のために、収穫から年貢納入の前に秋祭りをし、この日ばかりは仕事を一日休み皆で楽しみます。鳥居をくぐった境内では大太鼓を男たちが打ち鳴らし、炭火で焼く御幣餅《ごへいもち》や飴、駄菓子、酒などの屋台や物売りが出ます。子や娘など皆が集まります。

九月…男・少年／稲刈り・稲干し・はざ掛け・天秤棒で稲を振り分けにして運ぶ男と、牛に積んで引いていく少年。運んできた稲束を家の周囲に大積みにする。

老母・嫁・子／落ち穂ひろい

男／初穂を代官所へ納める。

女総がかり／二台の千歯扱《せんばこ》きで稲の脱穀をする。男は籾を臼《うす》にかけて脱穀。その前でフルイで選別する女。

老母／庭では老母を交えた女たちが、箕《み》を上下に動かして精選作業。
男／家の奥では米を計りながら俵に詰める男と、俵に縄掛けする男、それを運ぶ男がいる。稲刈り後の田に、大豆や小麦の種をまく。

十月…土質を良くするために、湿田の水口を開けて田に水を入れる。
男女／米俵を編むワラ仕事。
家族総出／天気の良い日を選び急いで行う仕事。梯子《はしご》を掛けてハザから小豆、大豆を降ろす男。乾燥したものを棒などでたたいて落とす。箕を上下に振り風選する
男／金沢近郊の畑作地帯では、かぶを漬物用として販売するために、天秤棒や背負いで売り歩く男たち。
男女／大根の収穫で大根を土から抜く男と、重そうに運ぶ男。馬の背につけて運ぶ女。

十一月…男たち／〝年貢米〟を人馬で運搬し、藩の蔵へ納入する男たち。代官の前で品質を吟味され、合格したものだけがお蔵入りを許される。

十二月…男／翌年に備えてワラ仕事（米俵、縄ない、馬の沓《くつ》、ムシロ）を織る男。
老母・女／別棟で石臼で粉を挽く女たち／苧を積んで洗い、一、二月中に布に織って売り、春の稼ぎにする。
※暮れに洗濯をする女／冷たい川の中へ入り、腰をかがめて着物を洗い、女は黒の高下駄。後方には洗った着物が干してある。子連れの女がこれから洗う着物を抱えて来た。〝洗濯〟は町方でも村方でも頻繁におこなわれるものではなく、新年を迎える前の年中行事に近いものらしい。『農業図絵』の最後は洗濯で締めくくられる。

これらの一年間の農作業を見ると、男は重労働を担っていることがわかります。代かきや田を耕作、すき返すなどの、牛馬をあやつる肉体酷使の作業は男が担当。女は共同作業というべき補助的重労働や、田植え、稲刈り後の稲干しや脱穀には主力の働きをしています。

女は農作業だけではなく、養蚕や冬の機織りなどの別種の作業も入っているのが特徴です。

〝衣類〟の仕事としては養蚕、苧や樹木の繊維洗いや、機織り仕事をし、それを売りに出掛けてもいます。この他に〝家事〟として日々の食事作りや、田植え後の休日や祭りなど晴れの日の御馳走作りがありました。

そして驚くのは少年や老母たちもかなりの重労働で、

一人前の戦力となって働いていることです。赤ん坊や子守りは皆の分担で、子守りは少女・母・老人・少年も行っていました。

　稲は生き物なので、田植えの前日に苗を苗代から抜くとか、大豆の収穫は一日で終了させなければならず、夜になっても終わるまで仕事を続けるなど、自然相手の大変な仕事だと改めて思います。

　農家は稲作りだけではなく、他の品種も数多く作るため、労働は倍増しています。また農民の自宅用食料として、赤米、大豆、稗、粟など品名があげられており、これらは年貢のかからない荒地で作られたことも驚きでした。

粟《あわ》、稗《ひえ》の収穫

左は大豆《だいず》、右は小豆《あずき》の脱穀
（絵は全て土屋又三郎「農業図絵」より）

四　農家の住居と女房の暮らし

◆一般農家の住居

　これまでに住居については、武家は屋敷や組屋敷、商家は店舗付きの住居に共同生活、江戸市中の庶民は長屋の一間で暮らすという状況を見てきました。では地方の農民たちはどのような家に住んでいるのかを見ていきたいと思います。

　江戸初期の上層農民の家は、地域的な土着の家から出発しており、家の間取りは多彩でした。たとえば曲り家、本棟造り、前土間型他があります。このような民家は一部の上層に限られており、それ以外の人々は掘立小屋に住んでいました。

　それが中期になると全国的に〝本百姓層〟というものが成立してきて、各々家を持てるようになったのです。そして後期から幕末にかけては、日本中の民家が「田の字型平面」へと集約されていきました。

　この田の字型の間取りは、土間以外の床部分が四つの部屋から成り立っています。まず入口は厩《うまや》のある〝土間《どま》〟です。ここには竈《かまど》が備えてあり、農作業をします。隣は台所です。

〈納戸〉

　そして寝室である納戸があります。この部屋には窓がなく、土壁で囲まれた閉鎖的な空間でした。普段は戸主夫婦の私室で、子供たちは小さい頃は親と一緒に眠りますが、少年になるといたる所で雑魚寝《ざこね》をし、青年になれば全国的に若者宿《やど》・娘宿《やど》に移り、それぞれ村の若者たちと一緒に暮らしました。

〈居間〉

　板の間の台所か、家族の集まり部屋である〝居間〟には囲炉裏を備えます。居間は家族が食事などで集まる部屋であり、また気軽な親しい客との応対場所であり、そして農作業の場でもありました。居間は東日本の家ではそこで煮炊きをするせいか20畳前後もありますが、西日本では10畳前後と違いが見られます。東北や北陸の寒い地方では屋内で農作業をすることも多く、土間と居間が使われました。ここは人との交流が行われた接客場所であり、居間は家の象徴的な空間でした。

〈座敷〉

農民の家に座敷を設けるのは江戸後期になります。元は寺院や武士の家で成立した座敷がなぜ農民の家に普及したかというと、仏事や祖先祭祀《さいし》のためと、人が集まる時には襖《ふすま》をはずして続き座敷を作ることができるからです。しかし農民にとっての座敷は農作業用の空間でもありました。通常は大切な畳を上げて板の間にし、そこで農作業をしたり、収穫物保管をしたり、また蚕室にも使われました。そして祭祀や人寄せの時には畳を敷いて、多くの人を迎えました。

家の向きは多くは南向きです。家の前には広い前庭が設けられ、そこでは穀物の実をたたき落とす脱穀を行ったり、ムシロの上で干して乾燥させます。そのために日当たりの良い南向きとされ、家は北側に建てられました。雨の日にはこれらの作業は土間で行われ、時には広間や座敷も使われ、家も農業用空間でした。

そして家と前庭との間には〝縁側〟があり、ここは穀物の乾燥場所であり、法事や人寄せの時には大勢の客の上がり口となり、また近所の客との語らいの場でもありました。

◆農家の女房の暮らし

農家の一年間の仕事の流れとしては、冬から春までの間は雪が融けないうちから農作業の準備が始まります。春には土を耕し、種を蒔き、五月には田植え。また春からは養蚕や綿栽培が始まります。その間には季節ごとに野菜や自家食料の種蒔きや草取り、収穫があり、六月には麦刈り。そして秋には稲刈りと脱穀があり、年貢を納めます。農家は家族経営のため、老人も子供も一家をあげて働き、加えて女たちは家族の着物の仕立て直しや機織りをしました。

一連の仕事の内、女性と関連が深いのは養蚕と木綿の栽培と機織りです。地域的なばらつきはあっても、ほぼ全国的に行われていたようです。綿の栽培が気候条件から難しかった東北や関東北部においても、江戸初期の末頃からは、すでに栽培されていました。

女たちは農作業の合い間に、春・夏には養蚕をし、秋からは機織りをして多忙に暮らします。その他に日々の食事作りをし、子を産み育てます。介護や病人の世話も入って来ます。短期間に激しい労働の時もありますが、休む間もなく働きました。

農村の家族は、長男の他の子供たちは男女児ともに奉公に出ることが多く、娘は奉公からいったん実家に戻ってから嫁に行くために晩婚となります。親の世代も長生きとはいかなかったようです。

農家の外観

田辺藩　農民の家（36 坪）
（京都府舞鶴市）

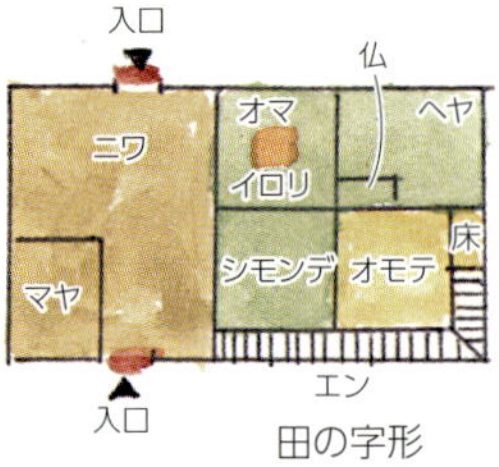

田の字形

（「江戸時代日本の家」より）

「田の字形」への移向

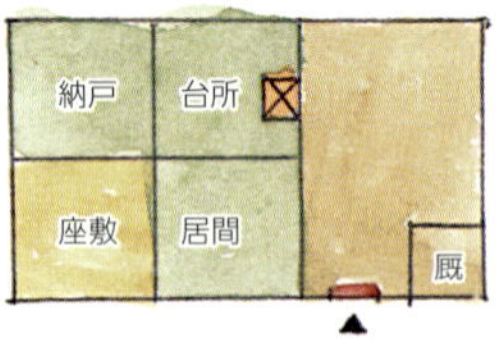

座敷、居間、納戸、台所、厩《うまや》

（『道具と暮らしの江戸時代』より）

わらを叩く夫
（「三州奥郡風俗図絵」より）

囲炉裏での夕食
（「三州奥郡風俗図絵」より）

婦道を説いた儒学者、中村惕斎《てきさい》
「比売鑑《ひめかがみ》」のさし絵

農家女性の育児、機織り
養蚕に励む姿

農家の台所
六ツ口の竈、近所の人は気軽に土間からの上がり口に腰かけて、
話し込んでいる。(「農具便利論」より)

五　村娘の暮らしと結婚

◆豪農の娘と村娘の結婚

一般の農家の娘たちの多くは、農耕の他に機を織り、着物や足袋などの衣類を作り、味噌、醤油、うどん、そば打ちなどの自給できる技を身につけて嫁に行きました。

農村では少女期になると〝娘宿《むすめやど》〟と呼ばれる習俗が全国的に見られ、親元を離れて一カ所に娘たちが集まり、指導者のもとで技を教わります。

しかし農村では少女でも十歳頃から奉公が始まるためこの奉公の問題と、豪農の娘と村娘との格差の問題がありました。まったく違う人生を歩むことになるために、一括して村娘でくくることができません。それぞれにどのように暮らしたのかを見てみましょう。

〈豪農の娘〉

豪農の娘たちは早婚であり、十代後半には結婚する人が多く、そのため子を早く産み、四十代では三十代にできた末子の子育てが既に終わり、もう初孫のできる頃となります。また上層では幼少の時から奉公に出すことはないので、十代の結婚が可能であり、多産なので子供の死亡率が高かった当時にあっても、財産や家名を子孫へ引き継ぎ「家」を継承することができました。

町や農村の豪農の娘たちの中には、十歳前後から藩や近隣の藩への武家奉公を勤めたのち親元へ帰り、十八歳頃に嫁ぐ娘もいました。これは花嫁修業とも言えるもので、仕事が目的ではありません。こうして他家へ嫁ぐのが豪農の娘たちの生き方です。

〈村娘の暮らしと結婚〉

一方、村娘たちは奉公人となって娘時代を過ごす人が多いのです。十歳頃から子守りとなって二、三年ほどして年季が明けると一旦家に戻り、すぐに再び奉公に出て娘時代を過ごし、年季が明けてから結婚となるため、晩婚となってしまいます。二十四歳から三十歳の間に結婚する人が多かったようです。

また一口に奉公といっても、親元の事情により娘の境遇は千差万別です。どのような違いでしょう。

◇幼児から子守りに出る人

◇二十歳前後頃から下女（家事）奉公に出て、数年勤めて親元に戻り、結婚する人

◇江戸初期頃には長年季の者が多かったのに、中期である享保以降になると年季が短くなっていったので、生家に本拠を置きながら、奉公先を変えて何度も下女奉公に出る人

◇河内国西我堂村の善兵衛家の下女は、十歳から二十九歳まで二十年間下女を勤めて退職。また同家のさごは十二歳から三十二歳までやはり二十年間勤めた

◇そして奉公した後、そのまま生家に戻らないというケースも多い

◇仁兵衛の長女はつは二十歳の時掘村へ一年間奉公し、翌年家へ戻り、二十六歳の時、大坂東横掘木屋　某《なにがし》へ奉公。この時結婚したのか八歳の娘を連れて帰村。三十二歳の時に子を置いて高木村へ奉公し、一年後に戻っている、など。

男の奉公と異なり、女の奉公には結婚と出産の問題があるため、より複雑な生き方となります。村娘たちは奉公のため婚期が遅れ、二十五歳前後で結婚することになりますが、このように晩婚であるということは、そのまま出産力の低下につながりました。子供が少なく家の継承がしにくいとなると、絶家《ぜっけ》になりやすかったのです。また十代で訳のわからないまま姑の教育を受けるのとは異なり、この年齢ともなると自我ができる年頃でした。

〈村娘の奉公〉

村娘は十代頃から奉公に出ますが、奉公先としてはどれ程の距離に行ったのでしょうか。その行動範囲ですが、河内国西我堂村からの女子の奉公先は、東我堂村（近い）、往道村、掘村、堺など比較的近い村が多いようです。彼女たちは奉公した後その土地で結婚するか、家に戻ってから嫁ぐというのが多かったそうです。

同村の男の奉公の目的は自営や小商売、棒手ふりなどの商いであるため、堺、大坂、対馬、江戸などの都市や遠隔地が多いのとは違いがあります。

〈奉公の種類〉

都市部でのお針や中居、下女などの女中奉公と、村娘たちの奉公には違いが見られ、また職業訓練ともいえます。

1　奉公先が〝機織り場〟であり、職能を身につけます。嫁いだ後は〝賃機《ちんばた》〟として個人で織り機を借り、高収入を得られました。

2〝農作奉公〟というのが特色で、稲、綿、茶摘み、養蚕、田植え、収穫時における、臨時の短期雇いがあります。この日割り、日雇い奉公は生産労働で高収入でした。月の内六日間勤めて給金は三分が最も多く、一年とすると下女奉公よりも割高でした。

農村の子供の遊び
右は富裕の子供、左は一般の子供（「農民絵巻」より）

農民の生活（版本より）

昼食を運ぶ農婦と子供たち
（「老農夜話」より）

歩きながら乳をやる農婦（「紀伊国名所図会」より）

六　農村の暮らし――まとめ

農家にも階層がありました。庄屋や地主などの〝豪農層〟と、土地を持ち農業の自立経営ができている〝自作の中農層〟。そして土地を借りている〝小作の下層〟です。その格差は大変激しく、まったく別の人生を歩むことになります。豪農層では農業を営むばかりではなく、大地主であり資産が蓄積されているため、養蚕、酒蔵、運送、金融（金貸し）などの商業も兼業している場合が多いようです。多角経営者である当主は、これらの仕事の統括管理に当たっています。事業が成功しその実力や土地の集積などが村や村役人から認められると、公の職務である名主などの村役人の職にも就いていくという道をたどります。

江戸時代の結婚はどの階層においても、同じ家格からというのが基本となっているため、名主は名主の娘と縁を結びます。当時の日記類や資料はわずかのため、全体は見えませんが、名主の妻は専業主婦ではないようです。

石川家の妻うたは多角経営の中の農業（茶摘みなど）と養蚕の女奉公人を指揮し、自らも働いています。名主、鈴木平九郎の妻は、商業面での才覚を持ち、夫の右腕となり算盤や経理ができ、自分独自の資産も持ち、村に地蔵尊を建立するまでに至ります。たんに同身分に嫁ぐというよりは、幼少から夫と同じような環境にあり、商業的な、あるいは経営の感覚がないと、他家に入るのは苦痛であろうと思われます。豪農の妻は奉公人を使い、食物や衣類の指図をし、夫の実務の代行をも行い、経営者の補佐的な役割です。また豪農の娘は武家や医者などへ行儀見習いに数年行き、早婚で嫁ぐ人が多いようです。

次に中下層である本百姓や小作の仕事は、年貢である米作りが主体となっていますが、その他にも自家用食料として麦、稗、粟、豆類や畑の作物などを同時進行で作っています。男は体力的な重労働を主に担当していますが、農家は妻、老人、子供など一家を挙げて働く家族労働です。一年間の流れとしては、男の仕事は春先には肥え取りなどの準備から始まり、春から秋の稲刈りまでが最盛期で、過重労働時期でもあり、冬には米俵作りなどの準備期間にあてます。

女房の方は農作業の他に春から夏にかけては養蚕、綿摘みの仕事が重なり、眠る間もない重労働の時期となります。農家の冬場には全国的に女房や娘たちによって機織りがなされました。各家で一反二反と織った物を、村が買い取ったり、後には買次商が集荷して廻り、地域独特の縞《しま》などの特産品を生み出すようになりました。

農家の少女たちの多くは農耕の他に、機織りや保存食作りなどを通して母から家事を教わります。そしてある一定期間は、親元を離れて、村で一括して機織りなどの技能指導を行う〝娘宿〟に入り、集団生活を送ります。日本の農村においては全国的に男女を問わずにこの制度があり、各村々により〝若者宿〟〝娘宿〟が組織されていました。また若者たちとの交流もあり、婚活の場ともなっていた農村独特のものです。

農村での生活は〝住まい〟という点から見ると、都市部に住む武家や町人など都市型の人々とは異なる点があります。まず「家」の考え方ですが、武家や商家では、〝表は公務や接客など職業の部分。奥は私生活ゾーン〟と分けて暮らします。農家の方は、家は全体が作業場と化しており、寝室である納戸を除いては、座敷、縁側まででもフルに使って、流動性の高い、また自由度の高い室内の使い方となっています。

また客という外来に対しては、武家、町人に比べて一番開放されています。他の層は塀などで囲われて入口は二つに対して、農家は土間、囲炉裏、縁側と、客はどこからでも入っていけるオープンさがあり、受け入れ側も万全でした。これは客の親密度の違いとも言えると思います。

農村の暮らしは独特のものがあり、奉公ではキャリアアップにつながる職能としての〝機織り〟があります。それから家事他の技能を習うための集団生活である〝若者宿・娘宿〟があります。江戸期の結婚は通常見合いなしで、親や上士が決めた人の所へ嫁ぐのが普通ですが、この若者宿のように、集団で婚活期間をもうけているのは農村だけです。江戸時代にあっては他層に比べると、考え方の自由度は高い一方、年貢や村の一員としての強力な縛りもありました。

最後に、都市部の多くの町人は土地を持たず借家暮らしなので、税金を支払わない気楽さがありますが、農民には年貢という重い足枷《あしかせ》がある上に重労働でした。しかし当時の日本は90％弱が農民だったのです。現代にも続く、まじめで、礼儀正しく、誠実であるという日本人らしい豊かな気質は、おそらく長く続いた江戸時代と農民の気風を、現代も受け継いでいるものと思います。

縄ない、糸紡ぎ、臼《うす》ひき（「張州雑志」より）

稲の収穫後のお祝い
（土屋又三郎「農業図絵」より）

あとがき

江戸の主婦たちの暮らし方を見てきました。江戸には階層があるため、千石の武家の奥様と二〇俵の下士婦人とでは自ずと暮らし方は異なります。豪商と小店の女房、あるいは庄屋と小作の女房もしかりです。当時の格差の中で生きた、彼女たちのまったく違う生き方があります。

〝暮らす〟ということは、大家族から核家族へ・家・相続・職業・家族・三世代同居の嫁・早、晩婚の意味・子の出産・隠居の暮らし・家事・奉公人・住居の間取りなど、様々なことを包括しています。まさにゆりかごから墓場までなのです。本書ではやはり日記の人々が生き生きとして光彩を放っており、最終的には人間賛美となっているような気がします。

皆に関わるテーマですので、本書が皆様のお考えの種となりましたら幸いです。

最後になりましたが、好評を頂いている前作の『江戸衣装図鑑』に引き続きまして、編集においては太田基樹様に大変お世話になりました。今回も色の再現などにご苦心頂きました。ありがとうございました。

菊地ひと美

〈主な参考文献〉

『日本の近世　第3巻　支配のしくみ』藤井譲治編・（中央公論社）所収「村役人の役割」鈴木ゆり子著
『日本の近世　第15巻　女性の近世』林玲子編（中央公論社）所収「天保改革期の一旗本女性の肖像」関民子著、「家事の近世」小泉和子著
『史料にみる日本女性のあゆみ』総合女性史研究会編（吉川弘文館）
『日本女性の歴史　性・愛・家族』総合女性史研究会編（角川選書225）
『時代を生きた女たち　新・日本女性通史』総合女性史研究会編（朝日新聞出版）
『日本女性生活史　第3巻　近世』女性史総合研究会編（東京大学出版会）所収「近世前期における『家』と女性の生活」宮下美智子著、「農村における女性の役割と諸相」長野ひろ子著、「出産・育児における近世」真下道子著
『江戸武士の日常生活　素顔・行動・精神』柴田純著（講談社選書メチエ196）
『旗本夫人が見た江戸のたそがれ　井関隆子のエスプリ日記』深沢秋男著（文春新書606）
『武家の女性』山川菊栄著（岩波文庫　青162－1）
『武士の娘』杉本鉞子著（ちくま文庫）
『女大学集』石川松太郎編、大岩美代訳　東洋文庫302（平凡社）
『幕末下級武士の絵日記　その暮らしと住まいの風景を読む』大岡敏昭著（相模書房）
『江戸時代　日本の家　人々はどのような家に住んでいたか』大岡敏昭著（相模書房）
『道具と暮らしの江戸時代』小泉和子著　歴史文化ライブラリー64（吉川弘文館）
『江戸・上方の大店と町家女性』林玲子著（吉川弘文館）
『江戸店の明け暮れ』林玲子著　歴史文化ライブラリー148（吉川弘文館）
『浮世風呂』『浮世床』式亭三馬著
『百人女郎品定』西川祐信画
『和国百女』菱川師宣画
『図録近世武士生活史入門事典』武士生活研究会編（柏書房）
『近世女性生活絵典』原田伴彦・遠藤武・百瀬明治・曽根妙子著（柏書房）
『ヴィジュアル百科　江戸事情』第一巻生活編・第二巻産業編・第三巻政治社会編　樋口清之監修、NHKデータ情報部編（雄山閣出版）
『復元　江戸生活図鑑』笹間良彦著（柏書房）
『図説日本住宅史』太田博太郎著（彰国社）
『大系日本の歴史10　江戸と大坂』竹内誠著（小学館）
『大江戸侍入門』（洋泉社）
資料①『地図・グラフ・図解でみる一目でわかる江戸時代』竹内誠監修・市川寛明編（小学館）
資料②『江戸文化歴史検定公式テキスト［初級編］大江戸見聞録』江戸文化歴史検定協会編（小学館）
資料③『江戸文化歴史検定公式テキスト［上級編］江戸博覧強記』江戸文化歴史検定協会編（小学館）

江戸の暮らし図鑑　●索引●

あ

か

さ

た

な

は

ま

や

ら

わ

プロフィール

江戸衣装考証家。文筆業。日本画家。

衣装デザイナーを経て、早稲田大学で学び、江戸に関わる著作活動（絵と文）に入る。

二〇〇二年から始まった日本橋再開発に作品が起用され、この作品は現在、江戸東京博物館正門前の外通路に、拡大版（30メートル）として展示されている。

また、古典やまと絵を描く日本画家（画号　菊地一美《ひとみ》）でもあり、二〇〇四年国立劇場より制作依頼を受けて描いた『伝統芸能絵巻』全四巻（10メートル）は、海外二ヵ国の国立美術館（ローマ、ブダペスト）で三ヵ月間展覧された。二〇〇八年には、丸善・丸の内本店にて同絵巻の国内初披露を含む個展を開催。

［著書］
『江戸衣装図鑑』（東京堂出版）
『イラストで見る花の大江戸風俗案内』（新潮文庫）
『絵で見るおふろの歴史』（講談社）画集絵本
『江戸の子ども　ちょんまげのひみつ』（偕成社）画集絵本

江戸の暮らし図鑑

初版印刷　2015年2月10日
初版発行　2015年2月20日

著画者　菊地ひと美
発行者　小林悠一
発行所　株式会社東京堂出版
http://www.tokyodoshuppan.com/
〒101-0051　東京都千代田区神田神保町1-17
電話 03-3233-3741　振替 00130-7-270
印刷・製本　亜細亜印刷株式会社

ISBN978-4-490-10861-3　C1639　Printed in Japan